JN104986

〝本当に強くなる一人稽古〟

武道の「型」が秘めた〝体内感覚養成法〟

古伝体術心水会代表
中野由哲

BAB JAPAN

はじめに

拙著「武術の根理」では、人間がカラダを動かす時に共通する動作原理を「根理」と称してご紹介させていただきました。おかげさまで、多くの方に読んでいただく機会を得られたようで、大変嬉しく思っております。その「武術の根理」では、身体操作における初級的な内容を中心に解説しました。今回はその身体操作、そして、身法から心法までを含めた「心体操作」をレベルアップさせていくのに最高の教科書となってくれる「型」、武術の型での学習の仕方について解説していきたいと思います。

「先人が創作し、我々後人のために残してくれた型には意味がある」
「型には実践(実戦)へと導いてくれるヒントが散りばめられている」

そう聞かされて型を用いて練習するのですが、何が役に立つのかよくわからないまま稽古している人は少なくないかと思われます。何故なら、この私もそうだったからです。パターンとしては、型を練習して、その型の意味に基づいた分解組手みたいなものを練習する、という流れが多いのではないかと思います。この段階だと型による稽古をしている感じがあるのですが、いざ自由組手となると状況は一変してしまい、分解組手の感覚や関連性は全くといっていいくらいになくなってしまい、型が使えない状況となり、それまでの稽古とあまりにかけ離れてしまうため、結局「型」なんて使えない、という結論になるパターンが多いのではないでしょうか。けれども「伝統で引き継いでいくものだから」「昇級審査で必要だから」などの理由で、型を練習しているのが多くのパターンなのではないかと思います。ですが、先人達が苦心して作り上げた型には「想い」が沢山込められているはずです。あらゆる武術に、さまざまな型が存在しますが、共通する「想い」として強く込められているのが、

「この型を練習することによって、上達への導きとなれ」

という、誰もが思いつく当たり前のことなのだと思います。

なので、この本では「型なんて使えない」とあきらめたくなかったこの私自身が、手探りながらも一つひとつの事柄を検証して、上達してきた方法をお伝えさせていただきたく思っております。

そして、この本を読んでくださったあなたに武術の型の素晴らしさが伝わり、何らかの共鳴を得ることができたのならば、作者としてこれ以上の喜びはありません。

2019年12月

中野由哲

目次

序章

〝一人稽古〟なしに強くなった者はいない！

1 型稽古で〝実戦力〟？

本書を手にとって下さっている中には、様々な武道・武術やスポーツ競技を志している方がいらっしゃる事と思います。そしてどなたもが上達したい、強くなりたいと思ってる事でしょう。その裏返しには、どうも自分の思うようには上達できない、というところがあるのではないでしょうか。

稽古に励めば、誰もが上達します。理論上は、です。でも現実的には、その稽古の本質を捉え損なっていると、いくら稽古をしても一向に上達しない、という事になります。そこを、多くの人は「自分には才能がない」と解釈してしまいがちですが、それは違うのです。稽古には外形上はなかなか見えにくい本質があり、そこをちょっと外してしまうだけで、形としては似たような事をやっていても、全然大した稽古になっていなかった、という事になるのです。

本書は、とくに〝一人稽古〟の本質をお伝えする事を目的とした本です。

〝一人稽古〟というと、〝対人稽古〟ができない時に仕方なくするもの、と思っている方は多いのではありませんか？　実戦的な練習に勝るものはない、と。

ボクシングならスパーリング、野球なら試合形式の練習、などは、確かに今日のスポーツ競技においては重要視されています。

しかしご存知でしょうか？　日本の古流武術においては、どの流派もほぼ例外なく、「型稽古」のみを選択したのです。術の出来不出来に〝命〟のかかっていた時代の話です。

剣や木刀では危険すぎてスパーリングのような稽古はできないのだから仕方ない、とお考えになるかもしれません。でも、新陰流の祖である上泉伊勢守は、戦国時代にしてすでに「袋竹刀」という、当てても怪我をしない擬似武器を開発していました。しかし、これは〝実戦的スパーリング〟を行なうためのものとしては普及しませんでした。そもそも「袋竹刀」は〝実戦的スパーリング〟を行なうためのものではありませんでした。それは今日の新陰流の稽古を見てもわかります。

「型稽古」……すなわち、決められた動作

を繰り返す、そのような稽古で、果たして〝実戦力〟は身につくのでしょうか？

2 野球も〝型稽古〟!?

実はこの、決められた動作を繰り返す「型稽古」という考え方は、日本の古流武術独自のものではありません。現代スポーツにおいても、多分に取り入れられているのです。

例えば、野球で行なわれるバットの素振りを考えてみて下さい。

素振りは、決まった動作の繰り返しです。ベルトくらいの高さの絶好球をとらえる想定のスイングを繰り返します。

なぜ、〝高めの球をとらえる素振り〟や〝低めの球をとらえる素振り〟、〝インコースをとらえる素振り〟や〝アウトコースをとらえる素振り〟など、いろいろな種類を行なわないのでしょうか？　これらの振りは微妙に体の使い方が違います。

素振りが単に、「実戦練習が行なえない時の代替の動作練習」ならば、実戦さながら、いろいろなスイングを行なうべきでしょう。苦手なコースがあるならば、そこをとらえるスイングを重点的に行なうべきかもしれません。

しかし、そうはしないのです。素振りには、別の〝目的〟があるのです。

素振りには、まず「正しく、理想的な体の使い方を身に付ける」という前提があります。苦手なコースの場合はその「正しく、理想的な体の使い方」が崩れがちです。だからまず、絶好球をとらえるスイングを行なわないと意味がないのです。「正しく、理想的に体を使う感覚」を体をもってまず覚えなければならないのです。

そしてそれだけではありません。

野球でも武術でも、「正しく、理想的な体の使い方」を、実戦では瞬時に行なわなければなりません。

しかし、熱いものに触れた時に自動的に手を引っ込めるような、いわゆる「反射」ではこれは成り立ちません。心で思い、それを動作化しなければならないのです。「インコースに来た！　それを打つぞ！」……からできる限り早く動作を起こすのです。こんな状況下では、「正しく、理想的な体の使い方」はわかっていても、なかなか実現する事ができません。

ましてや、実戦的な練習の中でこれを体得する事は恐ろしく困難です。実際に投球されたボールを打つ中で、「正しく、理想的な体の使い方」が実現する可能性など、100球打って1本、いや、それ以下かもしれません。

つまり、「心で思い、瞬時に、正しく、理想的な体の使い方を持って動作化する」、このシステムを構築するためには、理想動作を意識的に繰り返す練習が不可欠なのです。

このシステムさえでき上がれば、「どんな球でも理想的な体の使い方をもってヒッティングする」事が可能になります。

このシステムについては、後章で改めて詳しく触れたいと思います。

ここで知っておいていただきたいのは、型は単なる動作練習ではなく、本当に実戦に必要な対応力を実現する〝本質〟が秘められているものだ、という事です。

3 〝一人稽古〟なしに強くなったものはいない！

型稽古と言うと〝いったい何のためのもの？〟〝どうやって使うの？〟というイメージをもっ

ている方もいらっしゃるのではないでしょうか。

とんでもない。

日本のかつての武術は、型にこそ命を託したのです。

本当に実戦を“なんとかする”ためには何が必要か、それが何なのかわかっていたからこそ、「型」を選んだのです。

武術でも格闘技でも、他の様々な競技スポーツでも、本当に強い人は、一人の稽古で尋常ならざる努力をしています。逆に言えば、実戦的練習においては、皆でやっているのだからさほど差はない。差が生まれるのは“一人稽古”なのです。

一見、実戦には通用しなさそうな動作を繰り返しているような「型」には、本当に強くなるための、極めて見えにくい〝本質〟が秘められています。本書では、それをご紹介していきたいと思っています。

本当に強くなる稽古は、何にでも通用します。それは〝本質〟だからです。

第1章

外形と内形

1 “外”から“内”へ

「空手の型で合気を修得出来る」そう聞かされて、あなたはどのように感じますか？「インチキくさい」「ちょっと面白そう」「武道好きを狙った新手の宗教活動か」など色々な捉え方があるでしょう。合気の概念もいくつかあるのですが、読んで字の如く、相手の気に合わせて（合気）自分の技をかける、と仮定すると、それは空手の型で修得可能です。

この本では、そのような武術の型稽古を通じての根本原理、つまり「根理」を学習・体得し、そして心体操法を飛躍的にレベルアップさせ、最終的には自分の内部表現を変化させていく方法について紹介していきたいと思います。

あなたは武術の型稽古が何のために存在していると思いますか？

合気道や古武術に見られる相手を交えた「相対稽古」による型稽古だと、まだなんとなく間のとりかたやタイミング、実際に相手と接触することによって力の出し方や方向などを体感、学習することが目的なのか、などと考えることができるかと思います。

でも、本書で取りあげようとしているのは「一人稽古」なのです。それでは、中国武術や空手に存在する、一人で行う「単独型」で何を学べるのでしょうか？　カラダのキレやスピードの養成？　足腰の鍛錬？　もちろんそれらもあるでしょう。ですが、私が考える単独型で学ぶ一番重

空手の「突き」

要な目的は「はじめにカラダの外部感覚の養成を体感・体得していくことから徐々に内部感覚の養成を目的とする」これにつきるのではないかと思っています。そして、その内部感覚の養成という目的において「型で学ぶ」のか、それとも「型を学ぶ」のかという、型稽古における型との向き合い方を認識しておくことが肝心となってくるのです。

あるひとつの「型」を学習する時、まずは順番と形を覚えるということに意識を集中させますので、習い始めは「型を学ぶ」ということからスタートします。そして、一連の流れと形をある程度理解することが可能となった時に「型で学ぶ」稽古へと移行させていくのです。

具体的にどういうことかと言いますと、空手における「突き」という動作を例にして考えてみます。

まずは拳の握り方や突きや引き手の位置などといった外形を整えることから学習していきます。「型（形）を学ぶ」ですね。そして、ある程度「突き」の動作に慣れてきた時に、その威力をいかに増大させるか、つまりパワーとスピードをいかにしてレベルアップさせていくかということを考えると思います。

詳細は改めて後で触れたいと思いますが、ここで私が重視するのが「抜き」と「螺旋の形成」です。いわば外見上からは見えない〝操法〟です。

力んで動かすのでなく「抜き」で動くとか、体に「螺旋」を形成するなどは外見上からはわかりません。つまり内面の話になってくる訳ですが、これは〝外〟が正しくできていないとかなわないのです。

〝外〟から〝内〟へ。

型稽古には、こういう流れが本質的に秘められています。

2 サンチンの〝外形〟

まずは、空手において那覇手系の鍛錬型として広く知られている「サンチン」を例にとってみ

サンチンのポイント

肘を内側に締め、腕に螺旋を形成
股関節前部に窪みを作るように折る（股関節にしっかりと体重が乗るようになる）
腰椎を真っすぐに
やや内股で脚に螺旋を形成

ます。「サンチン」には様々なポイントがあり、流派によっても差異がありますが、ここでは私が考える〝根理〟の観点から見てみたいと思います。

まず、両腕受けの状態で、全てのパフォーマンスの源泉となる「ニュートラル状態の姿勢」を形成させます。「ニュートラル状態の姿勢」とは、エネルギーに満たされた、偏りなく、どの方向にも瞬時に変化することが可能な状態、と古伝体術では指導しています。

身体各部においては、それぞれにポイントがあります。その意味は後章で改めて触れますので、ここでは大まかにイメージして下さい。

下半身においては、やや内股で立ち、股関節前部に窪みをつくるという意識化を行ない、なおかつ螺旋を形成します。

上半身においては腕受けの腕が、肘が内側に締まっており、こちらも螺旋を形成しています。そして、腰においてはお臍の裏側に位置される「命門」を開くために腰椎にあたる部分を真っすぐにします。

これらの注意点は主にカラダの外側、つまり目に見える部分〝外形〟に関するものです。なぜ〝外形〟に関してこのようにこと細かな要求が必要になるかというと、目に見える正しい〝外形〟の形成が、そのまま目に見えない〝内形〟の養成へとつながっていくからです。正しい〝外形〟の形成こそが、正しい〝内形〟を養成する早道なのです。

武術として最終的に重要となってくるのは、この〝内形〟の部分となり、この〝内形〟が「術」となるのです。そして、その〝外形〟と〝内形〟のエネルギーを融合させて外部に放出するためのスイッチがあります。あなたは一体何が、〝内形〟と外形をつなげるスイッチになると思いますか？……

それは「目」です。武道用語では「目付け」となります。なのですが「目付け」について説明する前に、私が考える〝外形〟と〝内形〟の概念について説明させてください。

型稽古ではまず、正しい外側の形〝外形〟を形成していきます。正しい姿勢や、手足の位置・角度など、型が要求する「形」に自分のカラダをあわせていきます。それらになおかつ、螺旋を意識して作るなどを複合させた正しい〝外形〟によって発生される力、つまり、人体の構造的な部分から発生する力を養成します。それと同時にこの正しい外形の養成は、突きや蹴りなどの威力だけではなく、目には見えないけれども私達が普段、日常で何気なく他人から感じる「覇気」や「気合い」「勢い」などといった、内面的なエネルギーが見た目からも感じられるようになります。それが「爆発力」「吸収する力」「調和」などといったいわゆる「気」の養成へとつながっていきます。

中国武術における站椿功《たんとうこう》なども、あの独特の形を正しく再現することによって「気」を養い、つまり爆発力を形成することが目的なのではないかと考えます。当然、カラダの中に「気」を養うことは、武術だけではなく、健康といった養生面においても良いということになります。実際に中国武術の意拳などは養生面の研究においても、大変優れた実績を残されておられる方が多々いらっしゃいます。

話が少しそれてしまいましたが、正しい〝外形〟の形成により、爆発力といった内面的なエネルギーを体内に養成していくのです。この内面的なエネルギーが〝内形〟なのではないかと考えています。

では、その体内に養成された爆発力・内面的エネルギーをどのようにして外部に放出させていくのかということになりますが、これも型稽古にて行なうことができます。具体的にいうと、型の動きに合わせた意念の用い方がカギとなります。そして、その意念によって導きだされる内面エネルギーを〝外形〟とつなげるための役目となるのが先述した「目付け」となってくるのです。この「目付け」がない状態は、車で例えるとクラッチペダルをずっと踏んでいる状態となってしまい、エンジンで発生した回転エネルギーがタイヤへ伝わらなくなるので車が走らなくなってしまいます。つまり、目付けを意識しない型稽古では、いくら正確な〝外形〟を用いて練習しても、内面的エネルギーとのつながりができないので「走らない車」と同様に「使えない型」となってしまうのです。それほど、この「目付け」は重要になってくると私は考えています。そして、この「目付け」の重要性は、中国武術では「目に神を宿せ～眼神～」、また沖縄空手では「虎の目になれ」などの具体的なイメージによって、目付けの重要性を唱えています。また剣聖・宮本武蔵が唱えた「観見二様の目付け」として「観の目強く、見の目弱く」などと「観の目」といった概念で、目付けの重要性を唱えており、剣道の教えにおいても「一眼二足三胆四力」などと「目付け」の重要性が一番最初にきています。

「目付け」というと、今までは宮本武蔵が唱えた「観の目」を開くためという観念が主な目的だと思っていましたが、それ以外に〝外形〟と〝内形〟というふたつのエネルギーをつなげるための役割を果たしていると、私自身、型稽古を続けてきた中で実感しています。イメージ的には、正しい〝外形〟と〝目付け〟をセットで行なうことによって、内面的なエネルギーへのつながりができるといった感じです。そして、養成された〝内形〟のエネルギーを外側に放出させるためにも、また「目付け」が必要となるのです。

ではどうやって内面のエネルギーを放出させるのか。先程「意念の用い方がカギとなる」と述べましたが、具体的に「突き」という動作を用いて説明したいと思います。

空手でも中国武術でも「突き」という前方に腕を伸ばしていくといったこの動作は、当たり前のように出てきますが、この動作に「目付け」とイメージ（意念）を重ねて動かすことによって、内面のエネルギーを放出させる訓練となります。

例としてぜひ実際にイメージしてやってみてください。あなたは脇腹に構えた右手で突きを出そうとしている、しかし、この時にアーノルドシュワルツェネガーのような大男（1973年生まれの自分には、多感な年頃の時に現れた、80年代を代表する活躍をしたこの方の印象があまりに強烈だったため、どうしても大男といえばこの人が出てきてしまいます（笑）が突然と出現し、突きだす右手を抑えているのです。でも、あなたはその抵抗にも負けずに（実際には空想の圧力をイメージして）目付けをしっかりと意識し「虎の目」となって突きを出していく。

簡単にいうとこんな感じでイメージを用いて全ての動作を行なっていくのです。もちろん、胸抜きや肘抜きなどの身体操作を意識して行なっていることは前提としています。

ここで用いるイメージについてですが、このようなイメージでこうしなければならない、といった決まりはありません。自由な発想で、自分がイメージしやすい方法で構わないのです。先程はシュワルツェネガーのような大男に抑えられているイメージとの例を出しましたが、突きだす右手と共に、廻りの空間（空気）が「ブワ～ッ」と、細かく振動している、なんてイメージを用いても良いのです。つまりこれは、目で見える実際の肉体の動作が、螺旋や抜きといった概念をしっかりと認識して動かすことで、〝外形〟から徐々に目に見えない〝内形〟を形成していくのです。そして肉体の動作に伴う、意念（イメージ）と「目付け」を用いた訓練が、カラダの動きと目に見えない内面の動きに繋がりを持たせ、なおかつ、〝内形〟（内面）のエネルギーを放出させる訓練となっているのです。簡潔にいうと、ココロとカラダの一致「心身統一」の訓練をしていることになります。

「目付け」、「意念」によるエネルギーの放出

両手でしっかり抑えられた右手をただ突き出そうとしてもかなわないが……

「目付け」とともに周囲の空気ごと「ブワ〜ッ！」と動かすイメージで突き出すと、相手を崩せるほどの力が生まれる。体の使い方はさほど違っていないようにみえて、内実は確かに変わっている。

または、最近はスマホを使用している方が多いと思いますが、スマホで取り入れたアプリを日々アップデートしていくように、心と身体の統一システムというものの向上を、型を用いて行なっていると思っていただければ、なんとなく理解しやすいのではないかと思います。そして、このイメージを用いることは中国武術の意拳が有名ですが、太極拳においても「水中で動いてるようにイメージする」などの教えがあるようにように、多かれ少なかれどんな武術でも用いられてるものだと思います。ただし、この時に「目付け」がしっかりできていないと、イメージによって導きだされる内側のエネルギーが、どうしても弱くなってしまいます。つまり、正しい〝外形〟から導かれる、〝内形〟の養成にも「目付け」が大切となり、養成された〝内形〟を放出させるため、そのどちらとも「目付け」が大切となってくるのです。

当然、最初は〝外形〟を整えることが主となり、〝内形〟の養成は微々たるところから始まります。そこから繰り返し稽古していくことによって、徐々に〝内形〟の割合が増えていくのです。その〝内形〟と〝外形〟をつなぐ役目をするのが「目付け」ということになります。

追記『そしてもう一点「目付け」の重要な役割として、エネルギーの集中の形成、そして、自分の場「ワールド」を造り上げるのに目付けが鍵となりますがそれについては後述させていただきます。』

3 〝器〟を作り、その中を練る

空手の那覇手を代表とする型、サンチンは、単純な動作の連続ながらも武術的深奥を秘めた、大変重要な型であると思います。姿勢から生まれる力、目付け、夫婦手、肘の締め、抜き、股関節の感覚化、握り、等々、武術に必要なあらゆる要素をこの型で学習することが可能です。

単純な動きの中で、型が要求している「形」を真摯に守り、練り込んでいくことで、武術エネルギーが体内に宿すことのできる「器」を作りあげていくのです。

陶器で例えるならば、ものを受け入れる「形」を作ることで「器」というものが完成していくように、武術エネルギーを受け入れるカラダの「形」を「型」によって作りあげ、〝器〟を完成させていくのです。その「器」を作るのに最適なものの一つがサンチンだと思っています。その〝器〟が確立されていない状態でいくら型を行なっても、穴の空いたグラスから水が抜けていくように、エネルギーが蓄積されることは難しいのではないかと思います。

もちろん、グラスとは違って全く蓄積されないということではないですが、効率的によくないでしょう。

そして、中国武術の太極拳の型はこの「器」ができた状態で練り込んでいくと「器」の質や容

太極拳

1

2

太極拳の型は、〝器〟をゴムのような弾力性と厚みのある、強靭なものへと質転換させる。

空手

1

2

サンチンの型は、シンプルで〝器〟の形成がやりやすい。

量を増大させていくのに最高の型だと思っています。ただし、太極拳の型でいきなりこの「器」を形成しようとするのは、少し難しいのではないかと個人的に考えます。太極拳はサンチンの型ほど動きが単純になっていないのと、姿勢の変化が多様なため、器の形を整えることが難しいのです。しかし一度《ひとたび》、その器ができた状態では、その多様な姿勢の変化や柔らかな動きによって、太極拳は最高の練功法となるのです。

イメージ的には、サンチンで形成される器が陶器だとすると、これが太極拳の型の練功によって、ゴムのような弾力性と厚みを増した粘りのある器へと変化していくと思っていただけると、なんとなく想像がつくかと思います（あくまでもイメージで、当然、サンチンの型でも深奥へと進むことはできます）。

第2章 立ち方と姿勢

1 〝自然体〟で立つとは？

よく武道の世界で目や耳にする「自然体で立つ」という言葉ですが、あなたはこの〝自然体で立つ〟ということを、どのようなものだと考えていますか。そんなことをいちいち私に聞かれなくたって、普通に〝自然体で立つ〟という感覚を体感・体得している方もいらっしゃると思いますが、ここでは、型稽古から体得していく〝自然体で立つ〟ということについて考察していきたいと思います。

まず「自然体」という言葉ですが、読んで字の如く、自然なカラダと書きます。では自然なカラダとは一体何なのでしょうか。

辞書で自然体を調べてみると、「剣道などで、両足をわずかに前後または左右に開き、無理のない形で立った姿勢」または「気負いのない自然な態度」などと解説されています。では、「自然」はどうなのかというと、色々な解説が出てきますが、ここでいう「自然」に関わりそうなものとして、「人間を含めての天地間の万物。宇宙」「そのものに本来備わっている性質。天性。本性」「物事が本来ある通りであるさま」などといった解説がでてきます。

普通に自然体をイメージしやすいのは、最初の「剣道などで〜無理のない形で立った姿勢」というのが一番イメージしやすいかと思います。それでは、辞書の解説のように、両足を前後か左

右に開いて立っただけで「自然体で立つ」状態になったといえるのでしょうか。

これは「YES」でもあり「NO」とも言えます。自然であればいいはずなのですから物凄く簡単なはずなのですが、〝自然体〟はそれほど簡単ではないのです。

では、どこにその違いが出てくるのかというと「無理のない形で立った姿勢」とありますが、この姿勢ができているかいないかで、自然体で立てている、いないかの差となります。では姿勢ができているとはどういうことなのでしょうか。

姿勢という言葉は「姿の勢い」と書きます。なので、立ったその姿に勢いがなければならないのです。では、姿に勢いを出すためにはどのようにすればよいのでしょうか。

胸を張って威張った態度になれば勢いは出るの

でしょうか。確かに、背も丸めて俯き加減よりはいいかもしれませんが、それはどちらかというと、武術で求める姿勢から出る自信ではなく、過信となってしまいます。

2 型で学ぶ〝自然体〟

では、どうやって自信を得られる姿勢を体得していくのでしょうか。賢明なあなたならすでにおわかりだと思いますが、そうなんです。これも型稽古で体得していくのです。

それでは前章に引き続いて空手「サンチン」の型を用いて「姿勢」について考察していきたいと思います。

どなたかパートナーを見つけて一緒にやってみてください。サンチンといえば、内股になって立つ「サンチン立ち」が有名です。

まず、このサンチン立ちで立って両腕受けの姿勢をとってみます。パートナーの方は、前後から下腹と仙骨のあたりを指先を用いて軽く押しこんでみます。この時に前後どちらから押されても、盤石の体勢を保持できるところがサンチンで求められる「姿勢」となります。

この時の押し込む強さですが、相手を崩すことが目的ではなく、あくまで姿勢ができているかいないかの確認作業なので、軽くで大丈夫です。実際にやっていただけるとわかりますが、姿勢サンチン立ち。

サンチンでの姿勢検証

骨盤が後傾しすぎ

骨盤が後傾しすぎてお尻が前方へ凹んだ姿勢だと、後ろから押された時にもろくなる。

骨盤が前傾しすぎ

骨盤が前傾しすぎて「出っ尻」の姿勢だと、前から押された時にもろくなる。

盤石な体勢を保持できる「姿勢」

腰椎に部分をまっすぐになるようにすると、前から押されても後ろから押されても揺らがない、盤石の体勢を保持できる「姿勢」となる。

股関節意識を得る方法

腿の付け根に手刀を当てて、それを挟み込むように体を折ると股関節を深い所から働かせられ、そこへきちんと体重を乗せられる前提感覚が得られる。

が悪いとちょっと押してあげるだけで崩れてしまいます。

極端な例ですが、お尻が後方に突き出た、いわゆる「出っ尻」な姿勢の場合は前方から押されると崩れやすく、逆のお尻が前方へ凹んだ状態では、後方から押されると崩れやすくなります。

実際に色々な姿勢をとってもらって、試していただければと思います。

押されて崩れるか崩れないかのみならず、力を出せるか出せないかにも関わってくる、まさに〝根理〟とも言うべき、普遍的なポイントがあります。それは股関節にしっかりと体重が乗っているか、ということです。普段ここを意識している方は少ないので、それだけに乗っているか乗っていないかも自覚しにくいところがあるのです。そもそも、股関節がどの位置に存在するかからしてよく自覚していない方も多いと思います。

股関節意識を得るのによい方法は、腿の付け根に手刀を当てて、それを挟み込むように体を折ります。この操作によって、股関節を本来の深いところから働かせられるようになっています。股関節が思ったより深い所にあると感じられる方は多いと思います。

手を当てずに股関節へしっかり体重を乗せるコツは、この手を当てた所に少し窪みを作る要領で股関節を軽く曲げることです。

さて、いろいろな「姿勢」をとってみていかがでしたでしょうか？　盤石な体勢を保持できる「姿勢」はみつけられましたか。そして、その盤石な体勢を保持できる「姿勢」が自然体で立つということへとつながるのです。要は姿から勢いが出るという、つまり、姿勢から出る力の体得へとつながります。

この、前後から押されても崩れない状態を、私はニュートラルポジションと呼んでいます。文章では解りづらいかと思いますが、腰椎の部分に板が入ったかのように真っすぐな状態にしてあげ、股関節前部に窪みをしっかりとることで、前後から押されても崩れない姿勢で立てるようになります。この姿勢が基軸となることによって、後述で解説する、骨盤を前後に回転させる動き

正拳順突きに伴う骨盤の前方回転が、最初のニュートラルポジション（写真1）が正しくできていてこそ、回転した時に過度な「出っ尻」姿勢にならずにすむ。

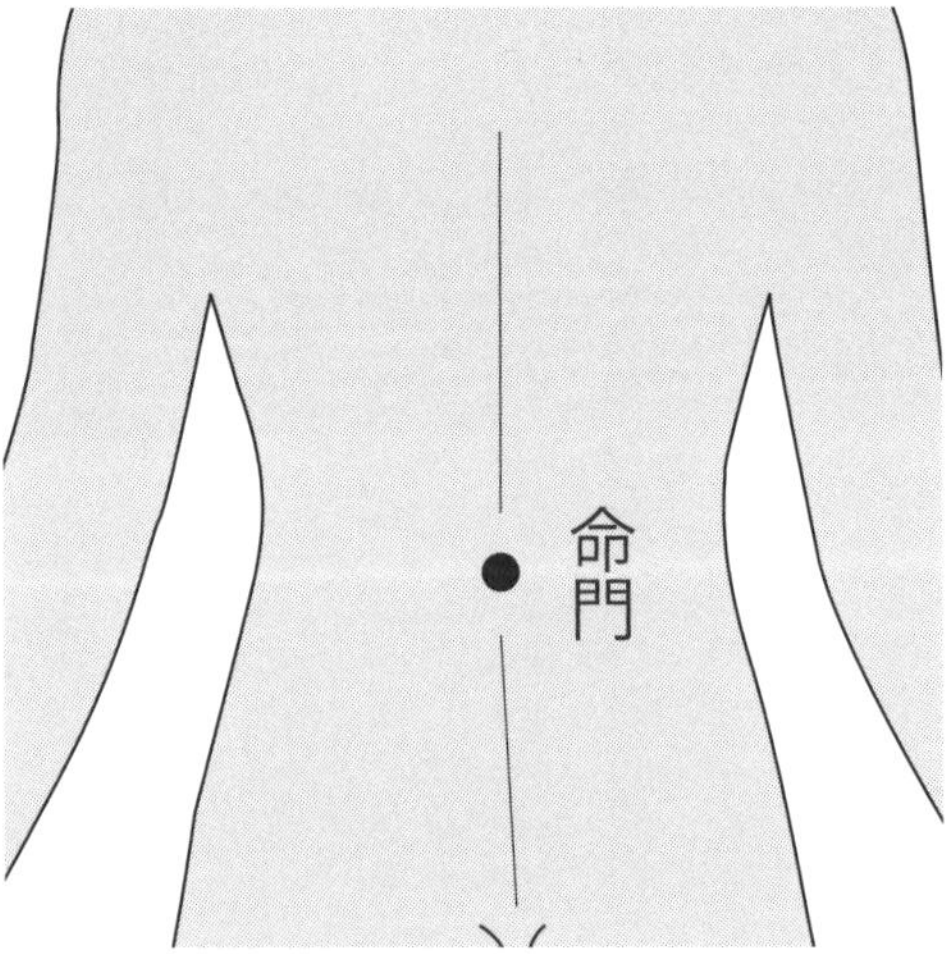

などで姿勢が変化しても、力の出せる「姿勢」を維持することが可能となるのです。

例えば、正拳順突きを行なう場合に前屈立ちの姿勢になるわけですが、この時に姿勢がニュートラルポジションを意識した姿勢から骨盤を前方に回転させることによって、お尻が突き出た「出っ尻」とならずに力を出すことができるのです。中国武術で基本功として行なわれる「站椿《たんとう》功《こう》」もこのニュートラルの姿勢で立っていることが見受けられます。この腰椎部分を真っすぐにさせるというのは、気功で言うところの「命門」を開いた状態となるわけです。そして、このニュートラルの状態を保持することで、少しずつ内部感覚が養われてきます。この内部感覚を基準としてあらゆる姿勢の変化に対応させていくのです。その姿勢の変化に対応させるのに重要となるのが、先程の前屈立ちの時に出てきました骨盤の動かし方になります。例えば太極拳の代表的な動きに「攬雀尾《らんじゃくび》」という動作がありますが、この時の動作でいうと「ポン（下から上へ向かう動作）」の時は骨盤を前方へ回転させながら前足荷重の体勢となり、「アン（上から下へ押さえつける動作）」の時に骨盤を後方へ回転させながら後足荷重の体勢となります。

その昔、中国武術を教わった先生から「自分の動きがひとつの巨大なボールとなることをイメージしなさい」と言われたことがあります。その時はよくわからずにその教えを聞いていましたが、その後、自分で練習している時にこの骨盤の回転を意識するようになって、先生が言われた巨大なボールのイメージが、この骨盤の回転とリンクさせて練習できるようになりました。

攬雀尾における骨盤操作

攬雀尾における「ポン（下から上へ向かう動作：写真1〜3）」の時は骨盤を前方へ回転させ、「アン（上から下へ押さえつける動作：写真4〜5）」の時は骨盤を後方へ回転させる。

あらゆる動きには〝ニュートラルポジション〟の認識が不可欠。これがないと、精度に欠けるブレた動きになる。しかしこの〝ニュートラルポジション〟を感覚的につかむのが自由度の高い動きの練習の中では意外に難しいもの。型はその認識のために大きな役割を果たしている。

話がだいぶとんでしまいましたが「自然体で立つ」という状態の感覚を得るには、千変万化に変化する動きに対応させるため、まずは基準となるニュートラルポジションの感覚を体得するのが第一となります。その感覚を元にして、動きの中で骨盤の回転、股関節に乗る意識などを用いることで、あらゆる変化に対応させていくのです。それを伝統的な武術では「型稽古」で学習していったのではないかと思います。

これも、体の外側の感覚から徐々に内部感覚へと重点が変わっていき、内面の訓練へと趣きが変わっていきます。

昔の武人の立ち姿などの写真を見ると、なんとも言えぬ、内側から放出されるエネルギーを感じることができます。まさしく

ニュートラルポジションを意識して立ち、相手に胸倉をしっかり掴んでもらう。

胸をゆるます動作とともに骨盤を前方へ回転させる。自分が相手より沈み込んだ状態となり、相手が「虚」の状態となる。

そこから半歩踏み込み、体を伸び上がらせず骨盤を回転させることで相手を崩す。この時に踏み込んだ足の股関節にしっかりと体重が乗っていることを意識する。

「自然体で立つ」ことができている状態なのだと思います。

それでは、この立ち方と骨盤の回転などを用いることでどのようなことが可能となっていくかを検証してみましょう。

① ニュートラルポジションを意識して立ち、相手に胸倉をしっかりと掴んでもらいます。
② 胸をゆるます動作とともに骨盤を前方へ回転させます。自分が相手より沈み込んだ状態になり、相手を「虚」の状態にします。
③ そこから半歩踏み込み、体を伸び上がらせず骨盤を回転させることで相手を崩します（踏み込んだ足の股関節にしっかりと体重が乗っていることを意識します）。

まずは、各段階における自分の体の状態と相手の体の崩れ方などを意識して、ゆっくりとこの相対稽古を行ないます。これはベーシックとなる動きを体に身に付けさせるためにゆっくりと行ないます。骨盤の前後の回転が正確に行なわれると、胸筋や腹筋を過度に力ませずとも相手を崩すことが可能となります。

これはあくまでベーシックな動きを体得するために大きくゆっくりと動いて練習していますが、当然、心身にこのシステムが養成されて完成度が高くなるほど動きは小さくなっていきます。

結局、全てはこの自然に働く「システム」を発動させるために型で稽古して、その型が身に付いているかどうかを確認するための相対稽古となるわけです。そして、この相対稽古では「受け」

型修練の段階では、ゆっくりでも、考えながらでも正確に行なってゆき、意識的に動作を反復する事によって、「頭で考えたものを体動として出力するシステム」を構築していく。
思考から体動へ出力するシステムができあがったら「体が勝手に動くにまかせる」つまり身体の反応にまかせれば、培ったシステムが発動される。

も漠然と受けをとるのではなく、相手の技量に応じて負荷を変えたり、力の方向性を感じ取るなどの「感受性」を用いた受けが要求されます。ただやみくもに「俺は絶対に投げられない」などの否定の姿勢で受けをとることは、自分の上達の道も閉ざすことになります。

ただ、もちろん、相対稽古の内容にもよりますが、上級者へその姿勢で受けをとることは問題ありません。相手に応じて、自分の受けを変化させることが自分の「感受性」の稽古となり、その「感受性」が技をかける側になった時の感覚づくりに非常に役立つため、結局は自身の上達を早めることになるのです。このことをよく表現しているのが、かのブルースリーの映画「燃え

足を前後に開いて立ち、片足へのタックルをしてもらう。

入られた瞬間、骨盤を後ろに回転させることで相手を「虚」の状態にする。

骨盤を前方回転させることと同時に、骨盤の横回転と股関節前部の窪みを作ることを合わせることによって相手を崩す。

よ！ドラゴン」に出てくるセリフ「don't think feel」（考えるな　感じろ）なのだと思います。

型で上達させる稽古において、最も重要となるのがこの言葉の感覚を感じられる感性の有無にあると言っても過言ではないかと思います。「意識的に型を稽古して、技として用いる時はそこで培った感覚で行なう」つまり技は感覚で行なうので、身体の反応にまかせれば型で培ったシステムが発動されるのです。なので頭で考えてやろうとすると失敗してしまいます。けれど、型での練習時には頭を使って意識的な練習をしないとその感覚が育ちません。矛盾するようなんですが、いずれも心身の「感受性」を研ぎ澄ましていくことになります。実際にこれを理解できる感性と素直さがある人は上達も早いです。

それではもう一つ、今度は骨盤の縦と横回転を複合させることで可能となることを実験してみます。

①　まず自分は足を前後に開いて立ち、そこへ相手に片足へのタックルをしてもらいます。
②　骨盤を後ろに回転させることで相手を「虚」の状態にします。
③　骨盤を前方回転させることと同時に、骨盤の横回転と股関節前部の窪みを作ることを合わせることによって相手を崩します。

実際にやってみていただけるとわかりますが、文章でサラっと書いているように、相手を崩す

形意拳の三体式。鼻先と指先、つま先が一直線上にそろうことによって、全身が統一された強さを持つ「三尖相照」がポイント。

ことは容易でないことを実感してもらえるのではないかと思います。その容易にできないことをできるようにしてくれるのが型の中に含まれ、型を学んでいく中で身に付いていく〝体の使い方〟なのです。

3 姿勢の〝中身〟

上の写真は、形意拳の三体式と呼ばれる基本姿勢です。この形のポイントは「三尖相照《さんせんそうしょう》」と呼ばれる、顔の〝鼻先〟〝手の指先〟〝足のつま先〟の3点を一直線上にそろえる、という点です。3点をそろえると、全身が統一され、揺るがない、強い状態になります。

これはもちろん、中国武術にしか存在し

ない、特別な身体状態、という訳ではありません。姿勢からくる、人間の身体状態の事なのですから、どんな武術だろうがスポーツだろうが、普遍的に存在する〝状態〟なのです。ただし、外形的に鼻先と手の指先と足先をそろえさえすればそれが良い姿勢になるかというと、そんなに単純なものではありません。そろえるべき〝要所〟はその体勢に応じて微妙に変わりますが、大事なのは〝3点の要所をそろえる〟という原則で、この方針と感覚が身についていると、さまざまに応用できます。

次ページは、「膝立ち」と呼ばれる、居合に顕れる形です。

右列の「A」は背筋が真っすぐに屹立して一見よい姿勢に見えますが、実際にはこの姿勢における要所「左股関節」と「鼻先」、「右足つま先」がそろっていないため、非常に不安定な状態にあります。「左股関節」に体重が乗っていないため、力も伝わりづらく、スムースに立ち上がることができません。

そこで、少し前にかがむような調整を行なって先の〝3点〟をそろえたのが「B」の状態です。一見しても違いがわからないくらいのわずかな差ですが、何より当人は明確に自覚できるはずです。当人しかわからないくらい、と言ってもいいかもしれません。だからこそ、〝中身〟が大切なのです。

姿勢は、外見的な形を整えるよりも、内実が整っているかいないかを感じることこそが必要なのです。

居合「膝立ち」と“３点の一致”

一見“姿勢がよい”ように思えるAは、実は“３点”（ここでは鼻先、左股関節。右つま先）がそろっていないために不安定な状態にある。少し前にかがむように調整すると安定した感覚を得られるが、それがＢのように“３点”がそろった状態なのだ。微妙な差だが、それだけに、姿勢は外見でなく“内実”でとらえなければならないものなのだ。

B－1

A－1

B－2

A－2

「膝立ち」の内実検証

「膝立ち」の体勢で相手についてもらい、掌を合わせての押し合いで検証する。鼻先〜左股関節〜右つま先がそろっていない「A」では自分が統一化されておらず相手と力のぶつかり合いとなるが、そろった状態をつくれば統一化されることによって調和が生まれ、ぶつかり合わずに崩せるようになる。

B 鼻先〜左股関節、右足つま先、がそろっている

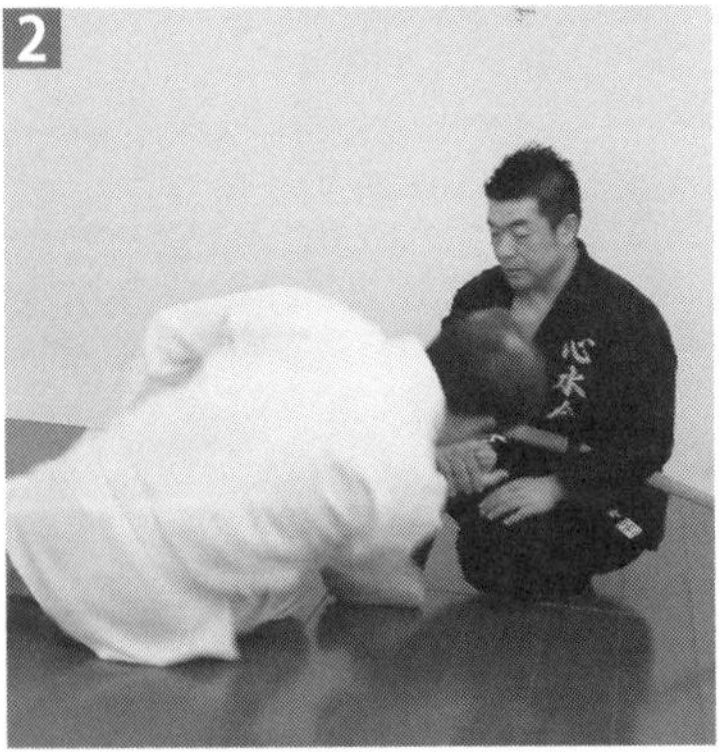

A 鼻先〜左股関節、右足つま先、がそろっていない

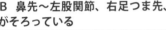

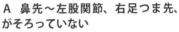

第3章
威力を出すための体の使い方

1 突きの威力を上げるには？

第1章の冒頭で、突きの威力を上げるには「抜き」と「螺旋の形成」が大事と述べました。しかし、普通は筋力をアップさせてその力を増大させよう、と発想してしまうのではないでしょうか？

筋力トレーニングを行い、筋力が増大することによって「突き」の威力が増大することは、フルコンタクト空手などの、見事にビルドアップされた選手の肉体から繰り出される「突き」の威力が、その成果を証明しているかと思います。でも実はここで起こっている現象は、筋肉増加による質量増加に伴う威力増加です。単純に1キロの球をぶつけるより5キロの球をぶつけた方が威力がある。普通、質量が上がればスピードが落ちますが、それをできる限り落とさないための運動力を、増大した筋力が補っている、というような図式です。

突きと筋力トレーニングでは、稼働筋肉が違います。少々おかしなことをやっている訳です。単純に威力増大ということで考えればその方法でもいいのかもしれません。ですが、武術においては「突き」の身体操作が「投げ」または剣術などの武器術にも通じていくということが求められてきます。なぜならば、剣術などの武器術が求めている「剣体一致」の動きは、その理合に基づいた「力みのない投げ」などを体現させる優れた操法だからです。

現代武道において「突き」の威力の出し方が腰の捻りを主体とした力の発生方法を選択しているために、これができないでいるのです。また、その身法から得られる内面的な技法（心法）へ深化していくことも難しくなっています。

過日の武士達が、剣術、柔術、居合、などを同時に稽古して、どれも同じようにレベルアップさせることができたのは、根本の身体操作方法が同じであったためだと思われます。

なのですが、現状では空手・柔道・剣道など、各武術がそれぞれのジャンルとして独立性をもって発展しております。確かにそれはそれで素晴らしいことなのだと思います。ですが、子供時分、私が好きでテレビでよく観ていた時代劇に出てくる主人公などは、大概が刀を持たせれば当然の如く無類の強さを発揮し、なおかつ、刀を持っていない素手の時でも、全く他を寄せ付けない強さを発揮するといったその「達人っぷり」に「昔の人は何やらせても凄かったんだな～」と、勝手に強い憧れを抱くようになりました。もちろん時代劇は作られたものですが、「強い者は何をやっても強い」というのは、厳然たる事実としてあると思います。

その後、自分でも様々な武術を学ぶようになり、昔、子供心に憧れを抱いた時代劇の達人のイメージを彷彿させる方達が、古流の武術を継承されていることを知りました。しかも「型稽古」をとても大切にされているという共通点がありました。そこから自分でも型を中心とした「型で学ぶ」方法を試行錯誤してきたという経緯があります。なぜに、その武士達が型を大切にされてきたのか。それは、素手であろうと武器を手にした状態であろうと、その共通となる心身の操作法を学習するのに最適な学習方法が何をおいても「型稽古」だった。そういうことなのだろうと思います。そしてそれが延々と受け継がれてきたのではないかと考えられます。

型稽古で実力をつけていくため、つまり「型で学ぶ」ためには、人間が体を動かす時の共通原理「根理」を認識させ、それを意識した稽古が必要となります。

それでは先程の、いかに突きの威力を「型」で増大させて、または投げや剣術にも反映させていけるかということを考えてみます

まず動作の速さについてですが、これについては早く行なうのではなく、ゆっくり動かすことが適していると思われます。ゆっくり動かすことで、自分の体の動きや状態をじっくりと観察することができます。そして、型で練るということに共通する原理になりますが、威力つまりエネルギーを出すために「徹底的な螺旋の形成」と「抜く感覚の養成」を行ないます。「徹底的な螺旋の形成」によって出すエネルギーを増幅させることへつながり、「抜く感覚の養成」を洗練させるほどに、エネルギーの流れが潤滑になるからです。要は、これらを意識して型を稽古することで「型で学ぶ」ことができるようになるのです。では腕を引くという動作においてどのように訓練していくかというと「肘の抜き」を意識してゆっくりと引いていきます。「肘の抜き」とは、肘を曲げる動作における「力を抜く」感覚のことです。詳しくは「武術の根理」を参照ください。

螺旋の形成

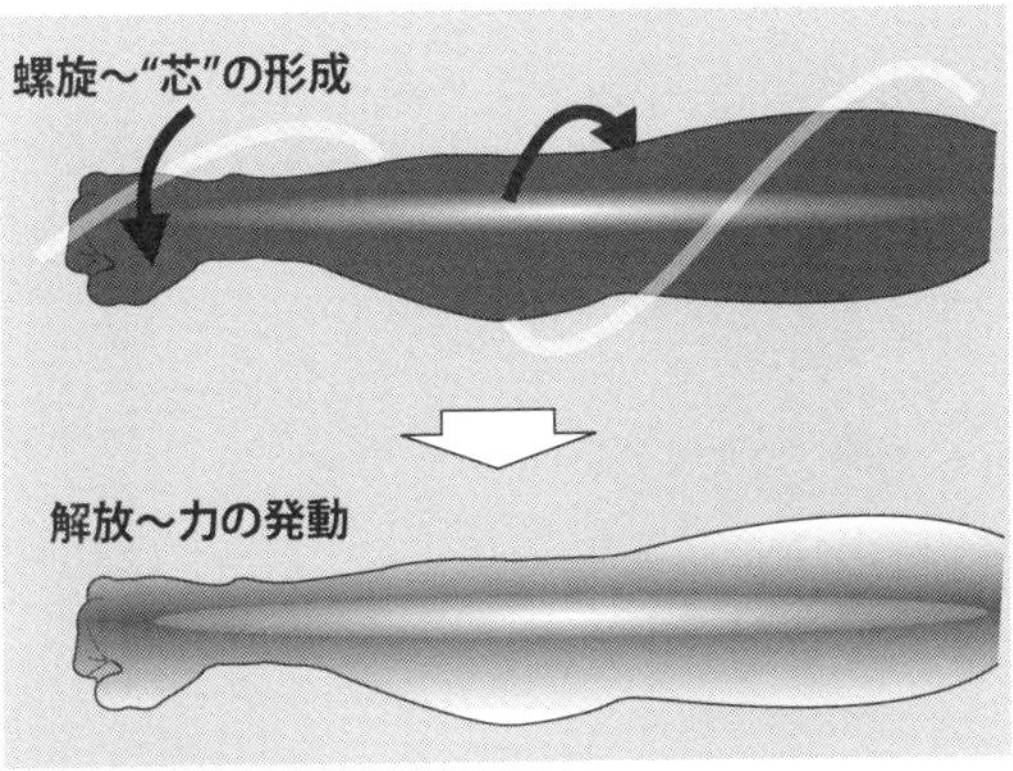

身体に螺旋を形成すると内部に〝芯〟様のものが生まれ、そのまま表面の緊張を解放することによって、最大限の力が発動される状態になる。

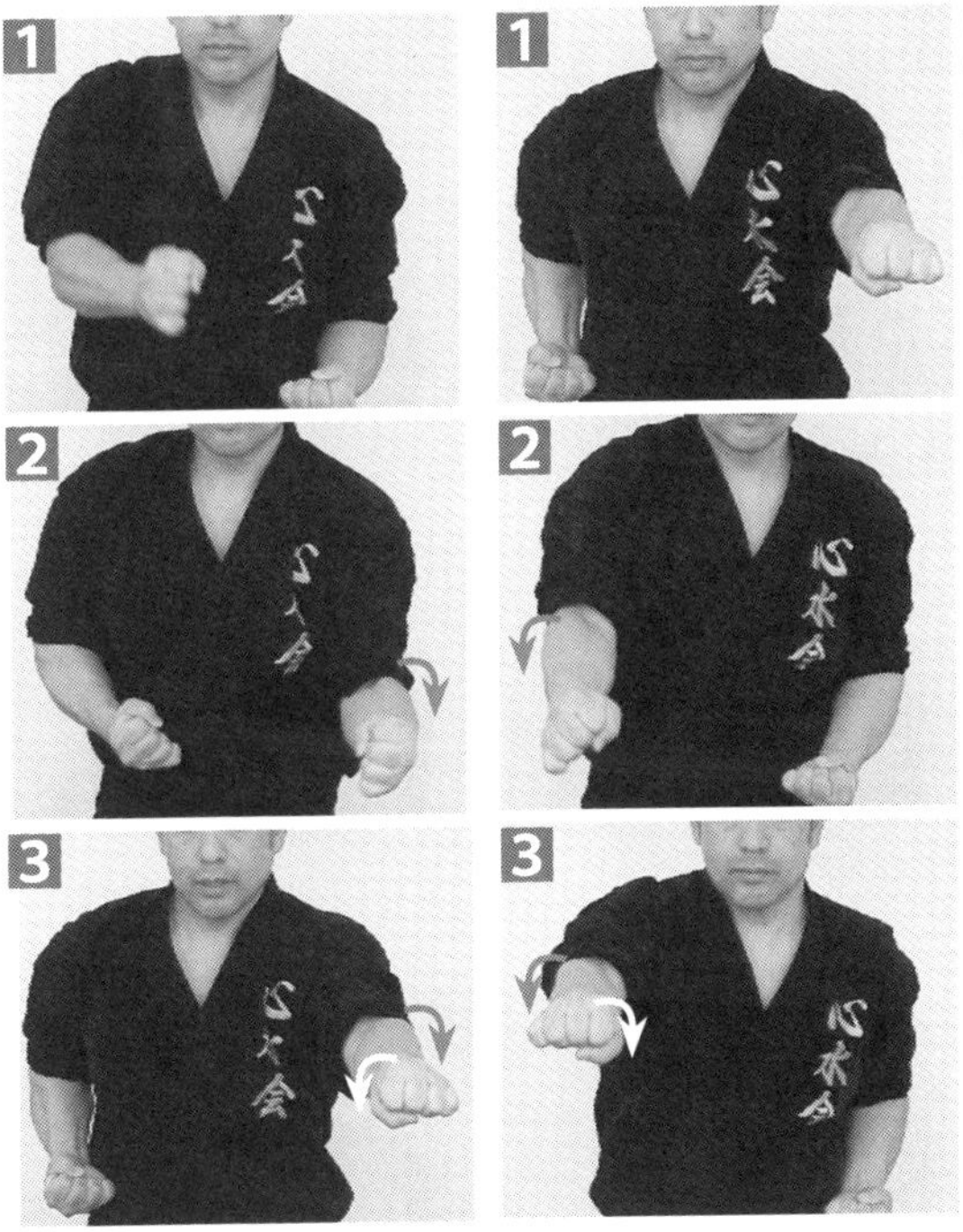

突き動作における螺旋形成

普通に腕を突き出すと外に向こうとする肘を真下に向くように抑え（写真中グレー矢印）、拳は逆方向に（白矢印）。肘と拳が逆方向へ回転することによって腕に螺旋が形成される。

肘を抜く

「肘を抜く」とは、腕を動かす上での最速、最強の操法。余計な力みを排除することによって実現する。
腕の開閉動作を「抜き」で行なってみる（写真）。
腕全体でなく肘だけを運ぶような意識で、開く時も閉じる時も、肘を先行させるように行なうことによって「抜き」の操作が実現する。

突き動作における「肘の抜き」と「螺旋の形成」

引き手は「肘の抜き」、突き手は「螺旋の形成」を行なうことによって、動作が「技」へと昇華する。

この「肘の抜き」を意識して繰り返し繰り返し「腕を引く」動作を行なっていくことによって、その動作を「技」と化すことができるのです。

もちろん、その他にも拳の握り方や肩甲骨との連動など、意識することはまだまだありますが、「腕を引く」動作においては、肘の抜きを意識して、その感覚を体得することが最重要課題になります。

では、反対の「突き出す」方の腕では何が最重要課題となってくるのでしょうか。それが先述しました、型で練るということのもうひとつの共通原理「徹底的な螺旋の形成」となります。先程の「肘の抜き」や「胸の抜き」を意識して稽古することで「抜く」ということの感覚を自然に体得できるようになっていきます。つまり、武術に限らず、野球やサッカーなどのスポーツ、柔道や剣道といった武道など、体を使うことで必ずと言っていいほど求められる「リラックスさせること」の実現は、カラダの要所要所、この場合では関節部分をゆるませることによって、達成されていきます。そして「徹底的な螺旋の養成」を型で練り込むことによって、ゆるませた時に発揮される力、つまり、リラックスで生じるパワーを増強させせます。

あなたもご存じだと思いますが、目一杯力んだ状態よりも体の余分な力を抜いてリラックスさせた方がパワーがでることは知識としてもあるでしょうし、体感されたこともあるかと思います。そのリラックスから生じるパワーを増大させるのが「徹底的な螺旋の形成」となります。

そして、その感覚を用いて相手に両手首を掴まれた状態からの投げなど、柔術技法へと応用変化させることが可能となり、杖など武器を持った状態にも応用させることができるのです。よって、私が子供心に憧れた「時代劇に出てくる達人」のような動きや技を可能とさせてくれる稽古のやり方が「型」によって学習できるのです。

「抜きの感覚化」と「徹底的な螺旋の形成」……おおまかですが、この2点をしっかりと念頭において空手の基本稽古で行なわれる「突き手」「引き手」をゆっくりと意識的に練習するだけでも、それまでとはちがった〝感覚の稽古〟となり「型で学ぶ」稽古方法への〝入門〟をしたといえるのではないかと思います。

そして、この「感覚を練り込む」ことを限定された状況の中、つまり、型稽古で練習していきます。

一見、堅苦しく、不自由さばかりが目立つ型稽古ですが、どの流派の型もそれぞれに創意工夫されていて、力の出せる形を形成させることや、動作においてもスムーズな軌道などを自然となる動きとなっています。そこに「抜き」や「螺旋」などの概念を認識した意識的な訓練をしていくことで、型で学び、実力をレベルアップさせてくことが可能となる世界が観えてきます。単調で地味といったイメージしかない型稽古ですが、その奥深さに気づけると、型稽古での楽しみ方などがわかるようになります。派手さや興奮とは無縁の世界かもしれませんが「噛めば噛むほど味わいが出てくる」といった、職人的な「匠」の世界へといざなってくれるところに、型稽古の醍醐味と楽しさがあるのではないかと感じています。

2 エネルギーの集約ポイント

次に正拳突きの時の拳について考察したいと思います。というのも、どのように拳を握るか、どこからエネルギーを出すのか、その形と意識がずれていては、型稽古での成果を得られない可能性が出てくるからです。

拳の握り方

人差し指、中指を折り、親指でこの二本にフタをするようにして〝核〟とする。

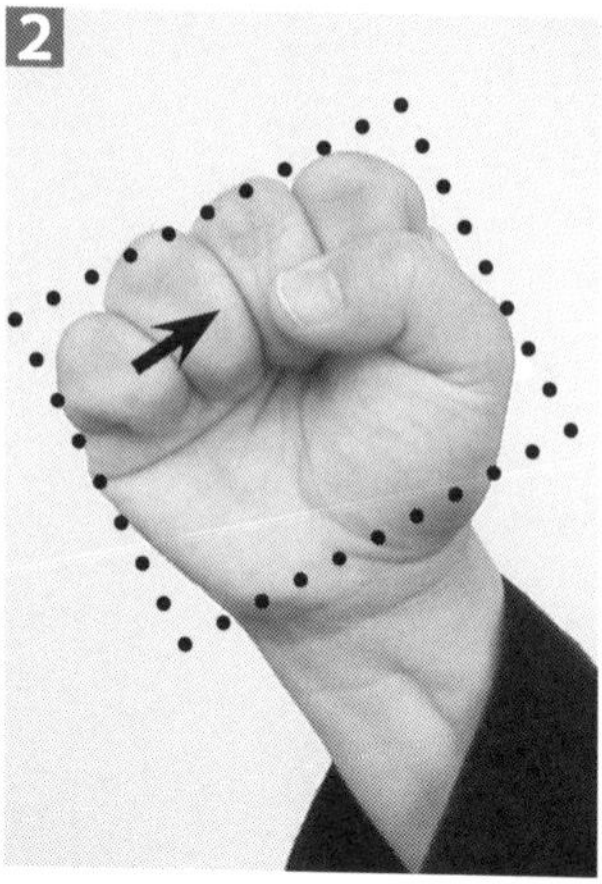

残りの薬指と小指で外側から締めるように拳を握る。拳の形が四角形になるように。

まず拳の握り方についてですが、人差し指、中指、と指を曲げていって親指でこの二本にフタをする感じで握り込みます。この三本の握りを拳の〝核〟にするような感じになります。

そして、残りの薬指と小指で外側から締めるように拳を握ります。

注意として小指を内に握り込みすぎた丸い拳だと、その力が弱まってしまいます（握りA）。結果として拳の形が四角形を描くようになります（握りB）。

この2つの拳の握り方による、力の通り方の違いを検証します。

拳を握って、その手首を掴んでもらいます。そこへ力をかけてみます。

Aの握りだとなかなか相手に力を通せませんが、Bの握りだと力が通り、相手を崩すことができます。

丸い拳

小指を握りこんだ丸い拳だと、なかなか相手に力を伝えることができない。

四角い拳

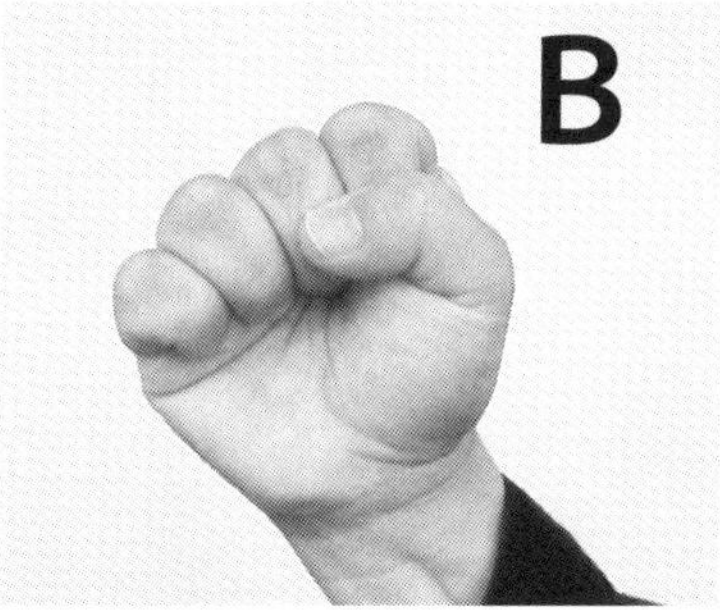

四角い拳だと力が通り、相手を崩すことができる。

エネルギーの集約ポイント

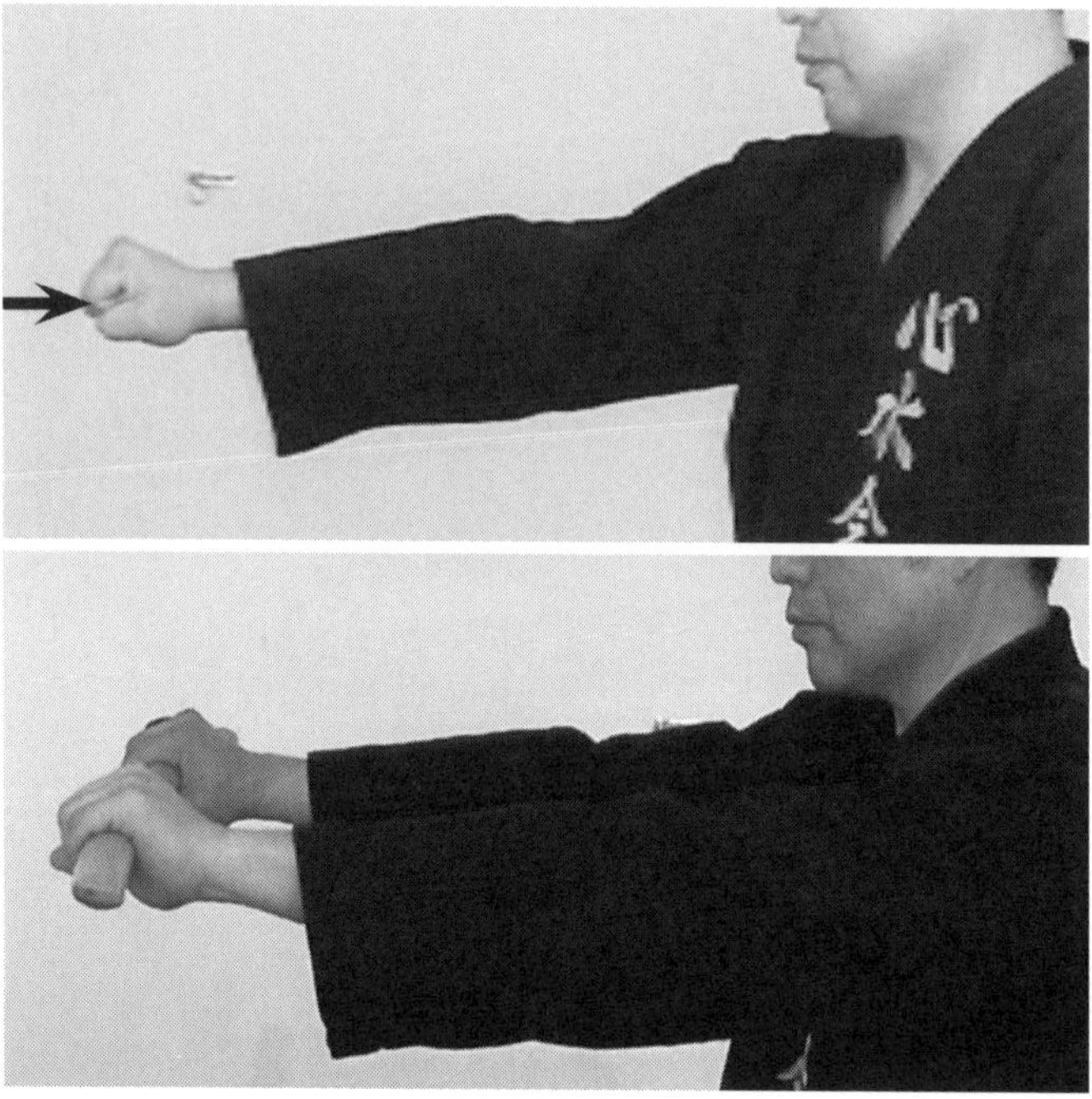

自然に拳を前に出した時に一番先端にくるのは人差し指の第二関節。棒を握って前に出した時により明らかなこの部分こそがエネルギーの集約ポイント。

まず、この握り方で力が通るようになります。

そして、正しい拳の形を表現した後は、どこにエネルギーの集約ポイントを持ってくるかということになります。答を先に言ってしまうと、人差し指の第二関節に意識を集中させることで、エネルギーの集約点が形成されます。

なぜこの部分なのでしょうか？

両方の拳を正拳突きで前に出してみていただきたいのですが、その時に棒状のものを両手で握った状態で出してみてください。

どうでしょう？　鏡などを用いて横からみてもらうと確認できる

第二関節

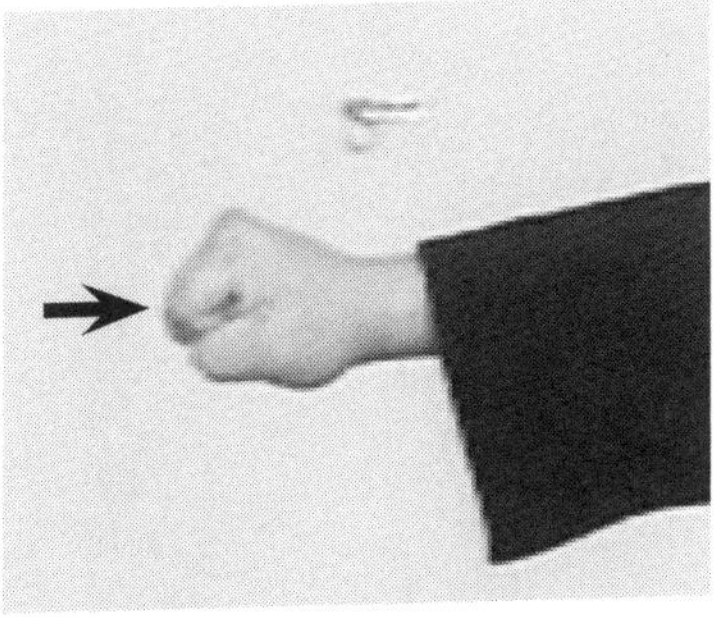

第二関節からなら相手に力が通りやすくなる。

拳頭

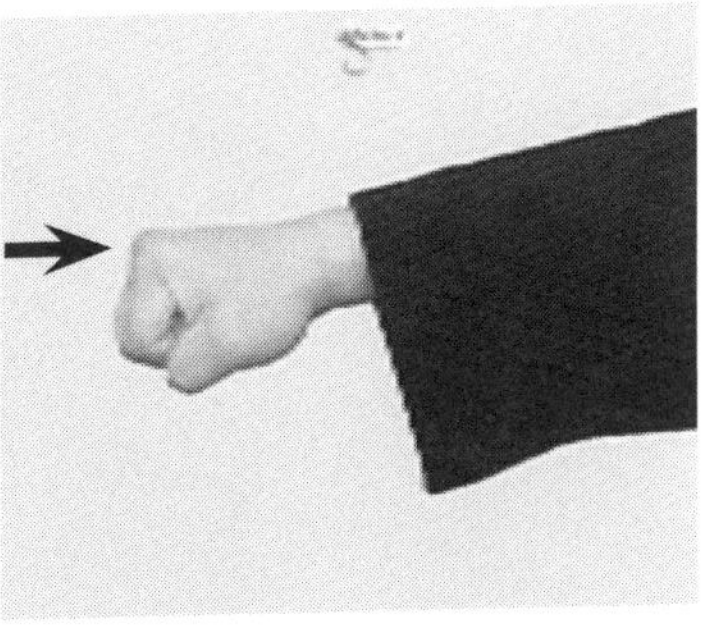

拳頭から押し込もうとすると、なかなか相手に力を伝えることができない。

と思いますが、指の第二関節が一番先端にきていると思います。要は、この状態が人間の体にとって一番ラクな状態、自然な状態なのです。現に沖縄の古い空手家の突きや、中国武術家が繰り出す突きに関しては、このような第二関節が先端にくる形をよく見受けられることからも、本来の形なのだろうと思います。

実際の検証としても、拳頭で押してみるよりも、この第二関節で押す方が力を伝えやすいことを確認していただけるかと思います。そして、その第二関節の中でも力を一点に集約させるポイントが人差し指だということです。ただ、勘違いをしていただきたくないのが、この部分を当てにいく（接触）ということではなく、ここにエネルギーが集中しているということを「意識」することが重要だということです。

3 力を生む、真のリラックス

リラックスが大切ということはよく言われることですが、ただ力を抜いただけでは真のパワーは生まれないのです。ジャンプする時を思いだしてもらいたいのですが、大きく上方へ飛ぼうとした時には、膝を曲げてタメという圧縮状態をつくりだしてから飛んでいることは、誰しもが自然に行なっていることです。つまり、真のパワーを出すためには圧縮状態がなければならないの

高くジャンプしようとする時は、膝を柔らかく使ってタメを作る。

です。その圧縮状態をつくりだすのが、〝龍の手〟と足の指先を目一杯拡げるという行為になり、その状態から「フッ」と力を抜くことにより、真のパワーが導き出されるのです。

少しばかりイメージしてください。ゴム紐を引っ張ると元に戻ろうとする力が働きます。この時、引っ張る力が強ければ強いほど元に戻ろうとする力も強くなります。これと同じことを手足の指先を目一杯拡げることから「フッ」と抜いた状態をしていると思ってください。つまり、手足を目一杯拡げることによってゴム紐を引っ張るような、エネルギーを蓄えている状態（圧縮）を造りあげていることとなり、それを離す（開放）、抜くことによって蓄えたエネルギ

エネルギーを通す実験１（腕）

〝龍の手〟（龍が玉を持つように、指を開いて指先に力を入れる）を作り、その手で両腕に螺旋を作り、さっと抜くことによって、腕全体にエネルギーが通る。

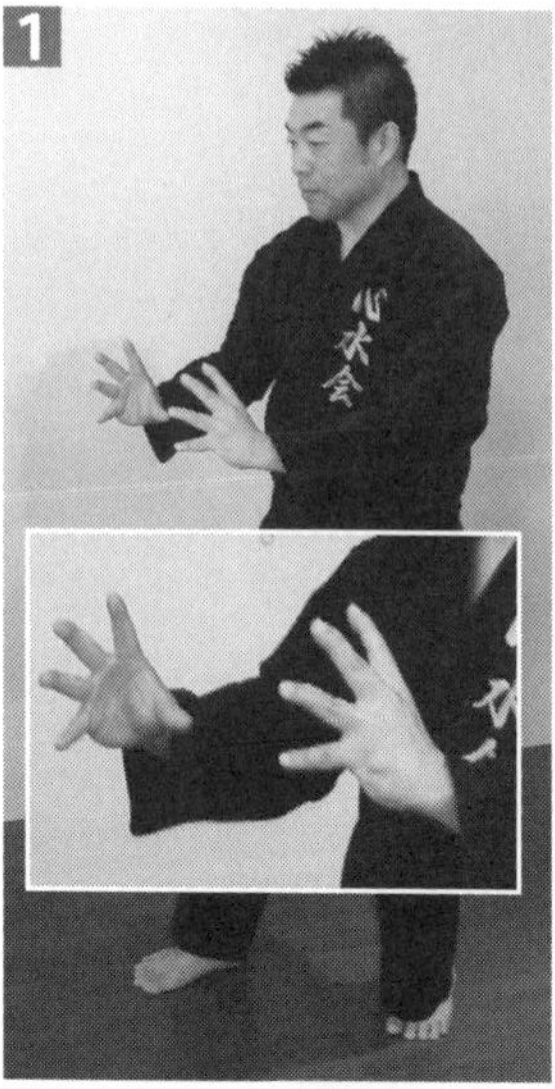

エネルギーが通った腕を取りにきた相手に崩しをかける。無駄な力みもなく相手にエネルギーが通るので、簡単に崩せるようになる。

エネルギーを通す実験2（足）

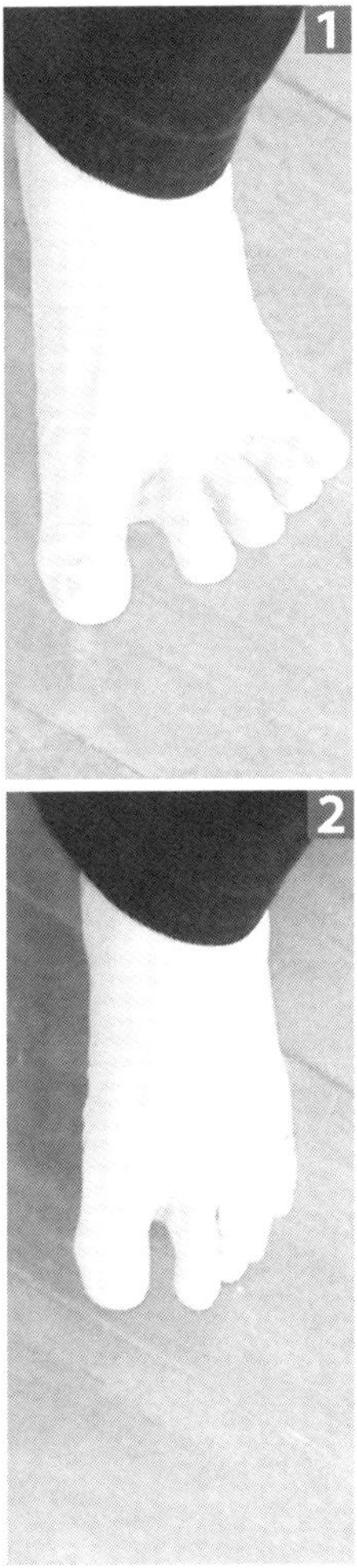

足指を目一杯拡げてからフッと力を抜く。これによって足にエネルギーが通る。

エネルギーの通った足を押さえてもらう。足の筋肉を使うというよりは、膝を移動させるくらいのつもりで動かすだけで相手にエネルギーが通っているので大きく崩すことができる。

ーが開放されるのです。つまり圧縮状態をつくることはエネルギー養成という鍛練法になり、その養成されたエネルギーを開放発揮させるのが「フッ」と力を抜くことなのです。

このことを型稽古に応用していくのです。例えばサンチンの型を行う場合に、先程紹介した「握り」をつくり、肘との螺旋の形成を意識して稽古することによってエネルギーを養成する「型稽古」となるのです。では、またひとつ実験を行なってみましょう。


まず普通に拳を握って前面に突き出した状態にしてみてください。そこにパートナーの方に手首を掴んでもらいます。そこから肘を起点に手を返してみます。

余程の力の差があるとか「コツ」を知らない限り、手を返すことはできなかったのではないかと思います。

今度は先程の握りと肘の絞り（螺旋）を意識して拳を出してみてください。同じようにパートナーに手首を掴んでもらいます。次に「フッ」と力を抜きます。そのまま肘を起点に手を返してみます。如何でしょう？　程度の差こそあれ、最初の状態よりもパワーが出ていることを感じられたのではないでしょうか。

このように正しい形を形成することによって武術に必要なエネルギーを養成することができるのです。つまり、その正しい外形を意識した型稽古を行うことで「練功」していくことが可能と

拳〜螺旋からのエネルギー

第二関節の集約点、螺旋を意識して……

肘を落として腕に螺旋を形成、さらに第二関節のエネルギー集約ポイントを意識して、「フッ」と力を抜くと、相手にエネルギーが通り、崩すことができる。

普通に握って……

普通に拳を握って突き出した手首を掴んでもらう。そこから相手に力を通そうとしてのなかなかかなわない。

なるのです。

では、どの武術も型稽古を行う場合にはそのように正しい形を追究して行なっているのではないかとの疑問が出てくるかと思います。私は、そこに型が生きているかどうかの検証法が確立されているかということが、型稽古で上達するための必須条件だと思っています。いくら見栄えの美しさを追究してもそこに実用が伴っていなければ武術的意味はありません。なので実際にその形が生きているかどうかの検証法が必要となるのです。

例えば空手サンチンの最初の構えから両手を体側に拡げた時の手首の角度について考えてみます。体側に拡げた両手が真っ直ぐに伸びている形と、手首がやや内側に曲がり、腕全体が刀の反りのように軽く円を描いている形ではどちらが力が出せると思いますか。

その検証法として、パートナーに体側に置いた手首を掴んでもらいます。その状態から腕受けの動作ができるかどうかで検証します。

実際にやってみていただけるとわかりますが、後者の腕全体が軽く円を描いている方が力を出すことができます。この腕全体が軽く円を描いている形は中国武術などの站椿功《たんとうこう》と呼ばれる基礎訓練法でも用いられており、エネルギーが流れる形を身に付けるためにあのような腕の形で立っているのだと思われます。このことと同じことを拳を握った状態で行なっているのです。腕を真っすぐに伸ばした状態ではまず、動かすことは難しいと思います。このようにして、一つひとつ

拳〜螺旋からのエネルギー

刀の反りのように軽く円を描いた腕

軽く円を描いた腕なら相手を崩すほどの力で上げることができる。

真っすぐな腕

体側に置いた手首を掴んでもらい、そこから腕受けの動作へもっていく。真っすぐな腕ではなかなか上げられないが……

両拳を胸前で合わせ、片方の肘を塞ぐように押さえてもらう。この力に抗うには？

の動作に負荷をかけることで、型の検証法が可能となります。

4 矛盾する力

簡単な実験を行ないます。

両拳を自分の胸前に合わせておきます。これを相手に手で塞ぐような形で左右どちらかに置いて押さえてもらいます。まずは、押さえてもらった方向に肘で押してみます。その時の感触をよく覚えておきます。

今度は、両拳を左右に同時に「ポンっ」といった感じで開いてみてください。

どうでしたか？　程度の差こそあれ、後者の左右へ開いたやり方の方が力が出しやすかったのではないでしょうか。

逆方向の力が強くする⁉　矛盾する力〜十字勁

両方の方向へ

押さえられた方向と反対の方向にも同時に、開くように力を出すと、片側だけより大きな力が生まれる。

押さえられた方向のみへ

押さえられた方向のみに肘で押し返す。この感覚を覚えておく。

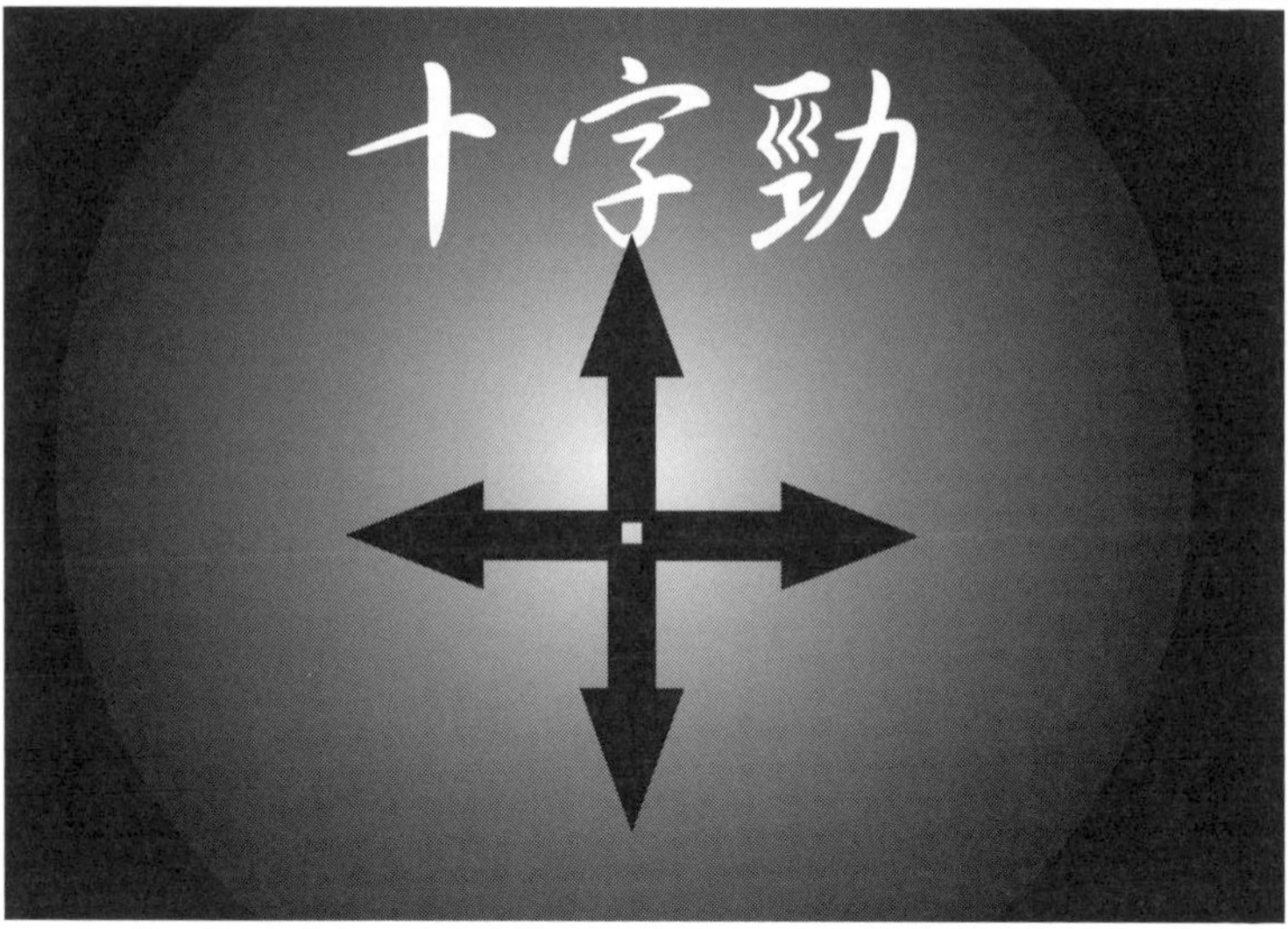

この左右（上下）に同時に分かれる力のことを中国武術では十字勁と称しています。逆方向に向かう力は関係ないように思えますが、結果としてこの相反する方向に向かう力を同時に、〝開く〟ように発揮する体の使い方は、大きな力を発揮することができます。

　これは体の使い方の〝原則〟であり、さまざまに応用することができます。左右には限りません。

　このことを突きの動作の中で行なうのです。つまり、前後です。どのようにするかというと、突きを出す腕の中でこのことを行なうのです。拳は当然前方へと向かいますが、肘を中心としてそれより後ろの部分は後方へ向かうように動かすのです。とはいえ、前方へ突き出すことは解るとしても、後方へ向かうということがイメ

十字勁を応用した突き

前へ前へと意識してしまいがちな突きを、「前後に開く」意識をもって行なう。肘は前方よりは上方へ跳ね上げるように使い、肩甲骨を背骨に巻きつけるような意識で行なうとうまくいく。肩を前に出さない伝統空手の突きは一見威力に乏しい印象を受けるが、中にはこんな発力操作が隠されている。

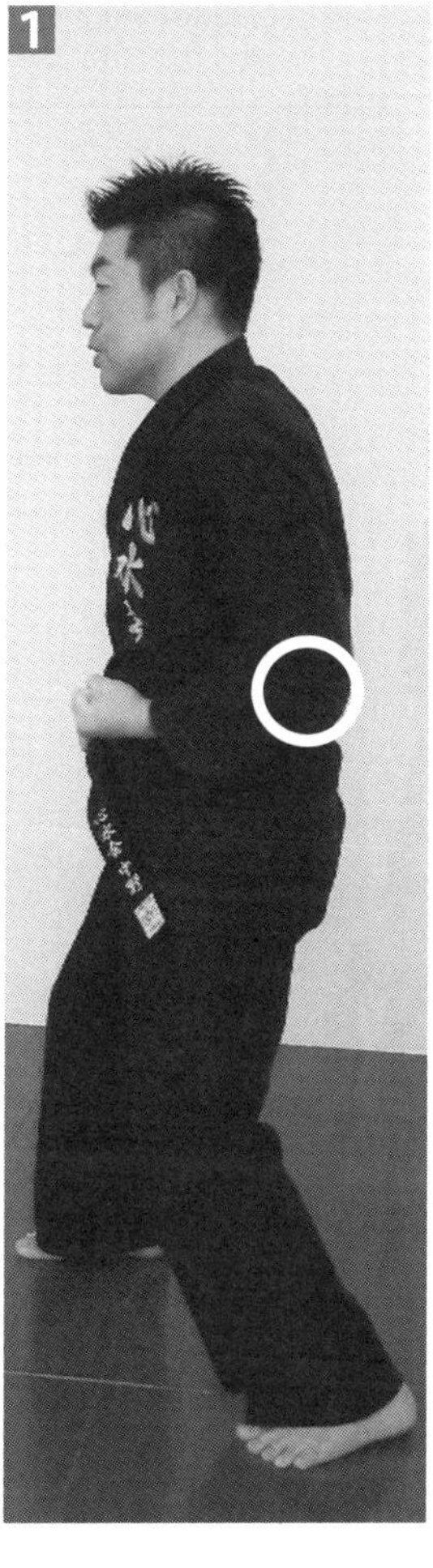

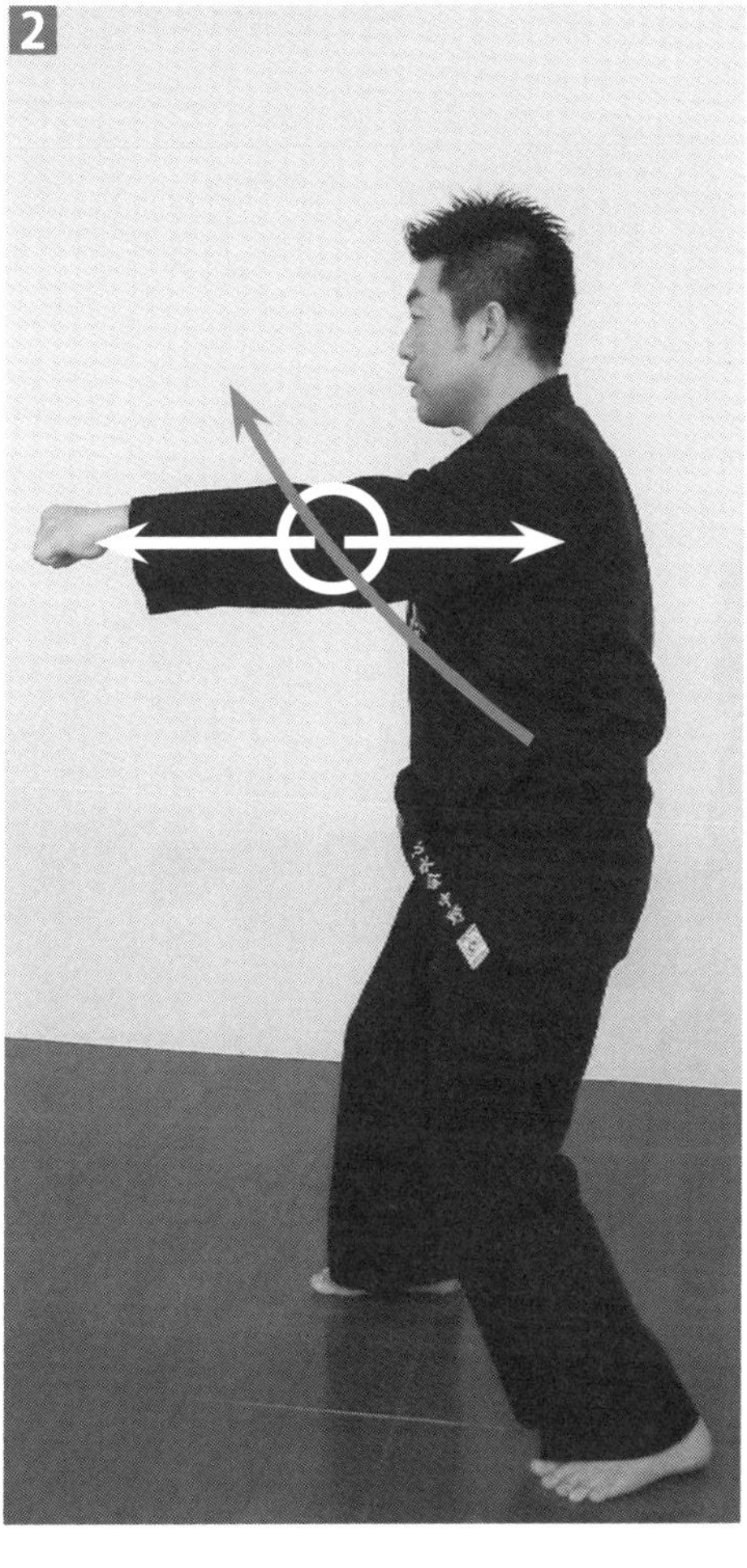

ージしにくいかもしれません。

伝統的空手では突きを出す際、「肩を出すな」と注意されることがあると聞いたことがありました。肩を出した方がリーチも伸びるし、威力も出るような感じもするのになぜなのかと疑問に思っていましたが、サンチンの型で突きを稽古していく中で、これに対する解答がみえてきました。

肩を前に出さないということはどのような身体操作が必要になってくるかというと、肘と肩甲骨の使い方を学習する必要が出てきます。先程、肘を中心としてと述べましたが、突きを出す時に肘を前方へ移動させるのではなく（実際には前方へ移動しているのですが）、肘を上方へ跳ね上げるような感じで伸ばします。それと肩甲骨を背骨に巻き付けるような意識を持って動かすことで、肘を中心の前後へと分離する力、結果として大きな力を生み出すことができる十字勁が腕の中で働くようになるのです。

このように、「前に向かう力と後ろに向かう力」「左右に拡がる力」「開放と収縮」など、相反する力を体の内外、あらゆるところに形成していくのです。意拳の創始者王向斎先生は、このことを「矛盾力」と称していたのではないかと推察しております。

この矛盾から形成される力を養成するのに最適となるのが「型」による単独稽古だと思います。

先人たちが武術の中で今に残す操法は、奇跡のように精緻なのです。武術の発展・伝承は、この奇跡の再現との戦いとも言えるでしょう。その戦いに、一人稽古をもってじっくりと臨んだのです。

第4章

防御の内実

〝添わす〟という極意

1 〝どう受けるか〟という問題

サンチンという型では、腕受け（内受け）からの突きの動作が行われています。サンチンに限らず、空手に限らず、型というものは、受けの動作が大概入ってきます。

しかし、型の動作そのままを実戦で使用することはなかなか難しいものがあります。先人たちが型の中に遺した受け動作の真意を探らねばなりません。

これは私の持つ印象なのですが、「受け」という言葉で、相手の攻撃に対しての接触のさせ方が決まってしまっているように思います。違和感があるのです。沖縄空手ではもともと「受け」という言葉は使われていなくて「防御」という言葉が用いられていたようです。「受け」という言葉を用いると、何となく、相手の攻撃に対してガツンとした手ごたえをもってして「受け」たくなるようなイメージがあります。「ガード」という感じでしょうか。

もちろん、その接触点に凄まじい破壊力を持った「受け」で相手の肉体にダメージを与えるというのもひとつの方法ではあるかと思いますが「型の本質」とは少し違うように思います。なぜならば沖縄空手には、相手の突きや蹴りといった攻撃を「触れたら斬れる真剣と思え」といった教えがあるからです。これは武術的な観点からみたら、ある意味当然です。自分の肉体を鍛え上げて、大概の攻撃は弾き返せる、というレベルに達しても、たまたま出くわした相手がそのレベ

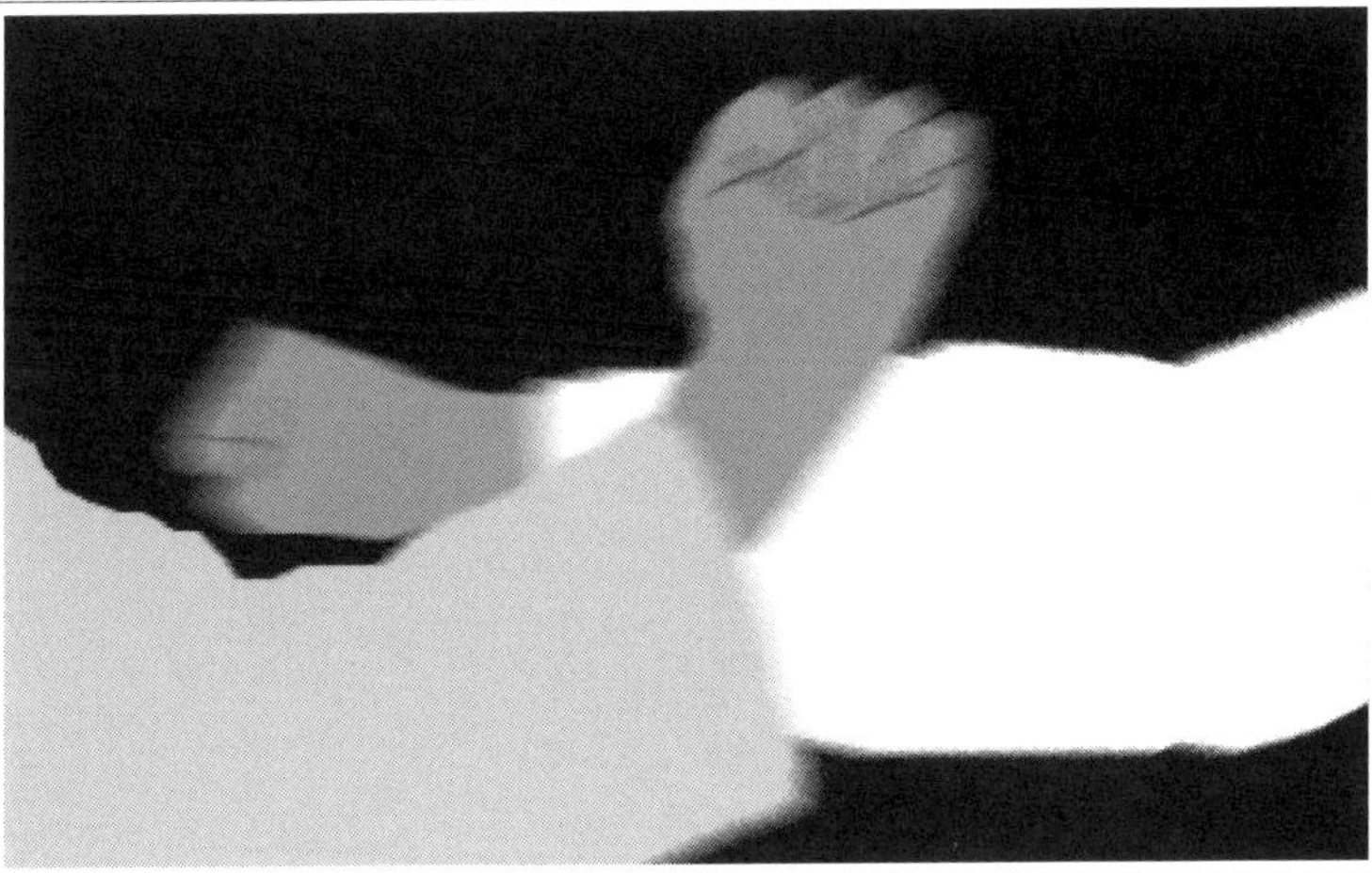

ルを上回る攻撃力をもっていたら、「弾き返そう」という選択をした時点で命取りです。あらかじめ相手の攻撃力を調査することも、負けた後で鍛え直す、という発想もないのがかつて命をかけて真剣勝負だった頃の武術です。

そのような観点から型を捉えると、相手の攻撃は刃物で触れたら切れてしまうほどの威力がある、と想定すると、ガツンと自分の腕を当てこむといった対処は選択肢から外れてきます。それではどのように対処すべきでしょうか。

触れたら切れてしまうのだから、触れないで「添わす」のです。「添わす」とは相手との接触点に添わせるように自分の腕や手といったカラダを置きに行く感じで動かす感覚のことです。この場合、相手の突きに対して自分の腕を置きにいく感覚で添わせていくのです。

「添わす」ことで、相手の攻撃を逸らしつつコントロールすることが可能になります。これが実戦的に有効になってくる「防御」です。

なお、この「添わす」という方法論は、実際に刃物を使う武術でもまったく同様です。

先の「相手の攻撃を弾き返す」という方針は、剣術で言えば、相手が打ち込んでくる刀に、自分の刀をまともにぶつけていく、ということになるでしょう。相手の攻撃を弾く、あわよくば、相手の刀を折ってしまう、という狙いです。

しかし、これは実際の刃物同士の戦いを考えると、非常に問題があるのです。一つは先の「相手の攻撃力が想像以上だったら」というケースと同様です。弾こうとする自分の刀の勢いより相手の斬撃の勢いが上回っていたら、相手の攻撃を逸らすことができず、刃は自分の身に食い込むことになります。あるいは、自分の刀の強度が相手のそれより大きく劣っていたら？　それだけで、自分の刀は折れてしまう事になります。

もう一つ、そもそも「弾き返す」という方法は得策ではない理由があります。

人間は誰でも、ある動作中〜動作終わりまでは他の対応変化がし難い、大きな隙となります。

相手の攻撃動作に対し、自分は「弾き返す」受け動作を起こした……この場合、動作の完結が遅れるのは、後発の自分の方です。もし弾きかえすことに成功したとしても、相手はまた二の太刀を継げばいい。「弾き返す」はしょせんその場しのぎに過ぎず、必ず追い立てられる羽目に陥り

“添わす受け”からの崩し

中段突きに対する防御。弾き返すような受けなら、相手は次撃を繰り出してくるが、〝添わす受け〟によって、相手が動作を完結する前に崩しをかけることができる。

ます。

だから、剣術の技には、相手の斬撃を真っ向から弾き返す、あるいはがっちり受け止める、ような技は、流派を問わず、皆無です。ではどうするか？　「添わす」のです。

体をかわすにしても、できる限りギリギリ〝紙一重〟を目指します。

2　〝添わす〟はどうすれば体得できるのか？

さて、この〝添わす〟はどうやって身に付けていったらよいのでしょうか？

これを実戦的な組手稽古の中で身に付けていこうというのは間違ってはいませんが、とてつもなく低確率でしか成功しない〝添わす〟感覚を得るまでに、大変な時間がかかると思います。

そこで型稽古が重要となってくるのです。

体操作的な要項をまず挙げますと、やはり「螺旋」と「解放」です。具体的には、サンチンの腕受けの構えの時などに螺旋を形成させることでパワーを養成します。つまり「鍛錬」です。この際に用いられるパワーは筋力トレーニングなどで得られるものとは違い、螺旋を形づくりすることで得られる、まさしく螺旋力となります。そして、これによって得られたパワーを実用化させるのに「解放」つまり「リラックス」が必要となってくるのです。要は、鍛錬で培った螺旋の

型で養う〝螺旋〟と〝解放〟

型のなにげない動作の中にも、肘や膝を絞る操作など、自然に螺旋を形成するプロセスが含まれており、それによって可能となる〝解放〟もまた重要。これらは〝添わす〟受けには不可欠だ。

型は「いかに決まった形を再現するか」に苦心するよりも、その内実を追究することこそが、実戦に通用する力に繋がる修練となる。

形意拳の「崩拳」

空手の「内受け～突き」

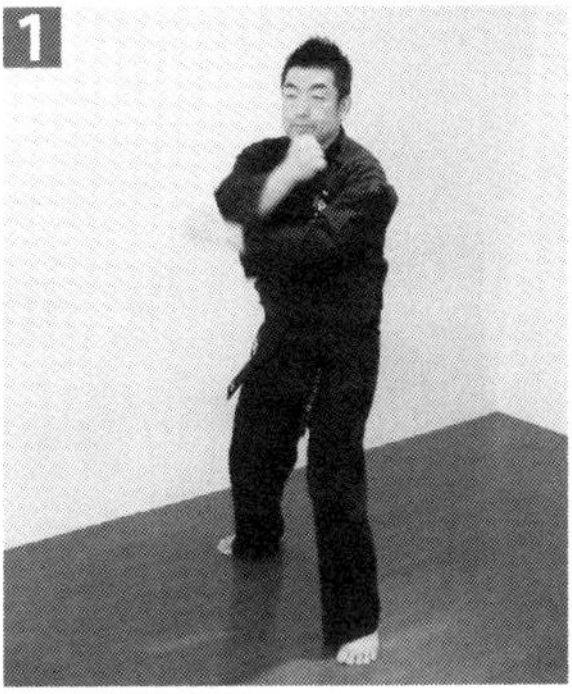

パワーをリラックスさせることによって開放させる、それが「添わす」を可能とさせるのです。外見だけ真似て手を「添わす」をやっても、中身がないのでその後に起こる変化を生み出すことはないのです。

螺旋力は、直線的な力と違ってそもそも相手と衝突しにくい性質を持っています。

一つ、型よりももっとシンプルにした、螺旋力養成のための一人稽古をご紹介します。「連結手」と呼んでいるものです（次ページ写真）。

肘を落とし、手指の先を脱力させてバラバラに動くようにし、かつそこから各指がなめらかに連動するように、「∞」の形に動かしていきます。人差し指を先行させ、他の指が順に追随していくように動かします。

動き自体はそれほど難しいものでもないのですが、普段ほとんどやらない動きである、という難しさはあると思います。それはある意味、「普段は、いろいろな物に対して〝衝突〟するように体を遣うのが当たり前になっている」ということでもあります。

この動きそのままに、対人検証してみると、その〝力がぶつからない〟が実感できると思います（次々ページ写真）。

相手に力強く腕を突き出してもらい、そのまま力強く保持してもらいます。そこに対して力をかけていくのですが、普通に直線的にやれば、すぐにそれに対する抵抗反応が起こります。とこ

螺旋力を養成するシンプルな一人稽古「連結手」

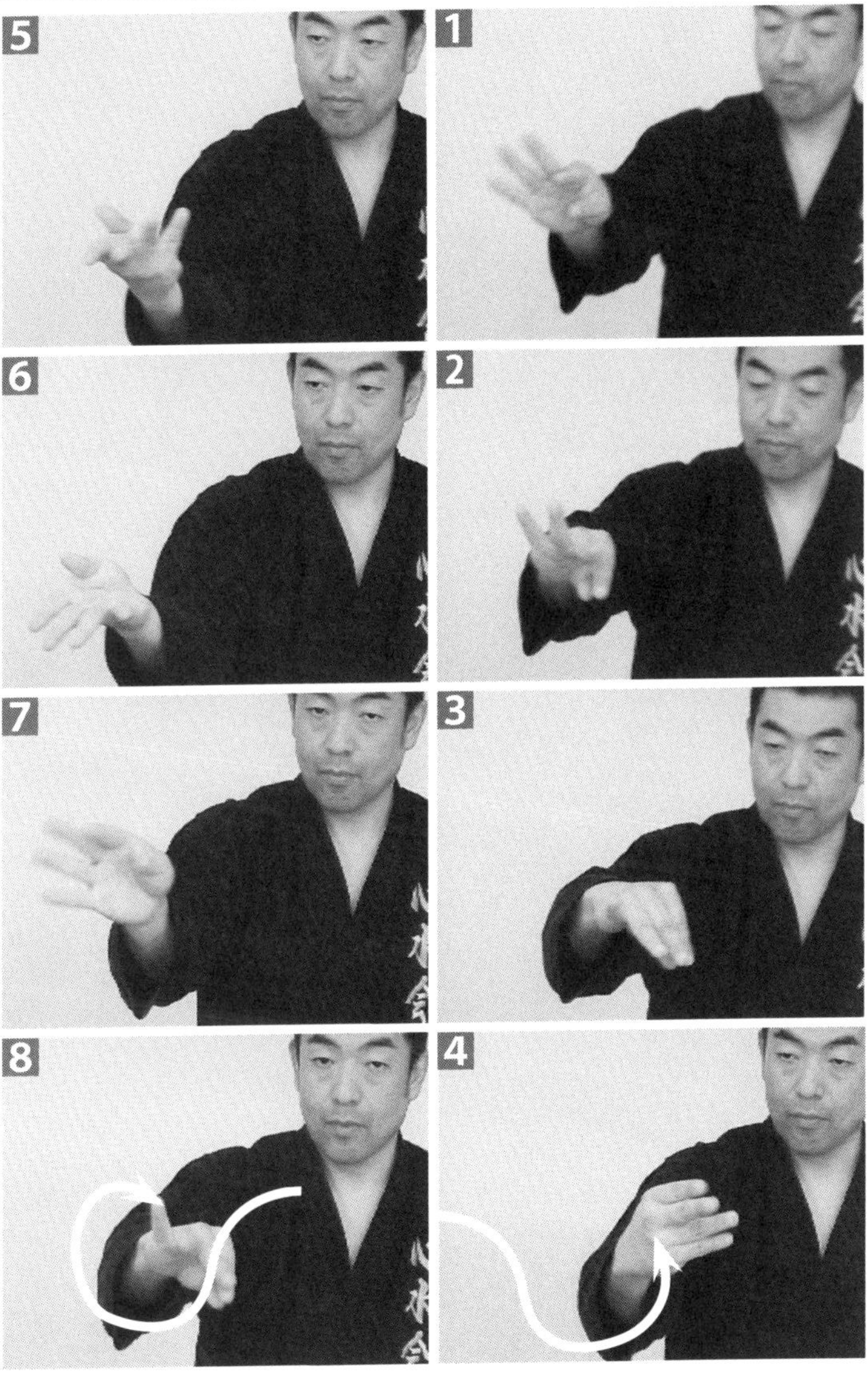

肘を下に落とし、指をなめらかに連動させて「∞」の形に回していく。手指に張りをもたせてバラバラに動く状態だが、人差し指を先行させて他の指をそれに追随させる。

螺旋力“力がぶつからない”対人検証

力強く突き出してもらった相手の腕に対して直線的に押さずに、「連結手」の手そのままに〝添わす〟ようにすると、抗おうとする相手の抵抗がきかず、体を崩すことができる。

ろが、「連結手」の手そのままに、まさに相手の手に〝添わす〟ように力をかけていくと、抵抗がききにくくなります。

3 〝添わす〟の内形

これを、〝手をなめらかに「∞」の形に動かせば相手は崩れる〟と解釈してはいけません。それは大事ではありますが「外形」です。どういう形に手が動かせるかだけでなく、その時の〝螺旋〟を成り立たせている体動をこそ、つかむようにしてください。

「連結手」も決して、手先を「∞」の形に動かしているだけではありません。前腕〜上腕〜肩から体幹にかけて、〝螺旋〟が起こっているのを感じられるでしょう。

この〝添わす〟がうまくいくと、突きで攻撃した側は何ともいえないモヤモヤした気持ちとなります。この感覚を相手に感じさせることができるようになることが、受けではなく「防御」を体得する第一歩となります。

この延長線に相手の攻撃を無力化させるといったことや、次章に出てくる「クラッチング」の感覚化体得へとつながっていくのです。このように考えると、約束分解組手における、あの現実ではありえないであろう、引き手を脇に構えた状態から大きく一歩踏み込んで突くといった、攻撃側の正拳追い突きの意味が理解できるのではないでしょうか。

「防御」を体得するために自由攻防でバチバチやりあったのでは、この感覚を実感することは難しいと思われます。確かに単純に「強くなる」という目的においては、自由組手やスパーリングをこなしていった方が早く目的を達成できそうにも思えます。でも、ここで早く身に付くのは、実戦的なスピード感覚に対する馴れのようなもので、武術本来の到達点である精緻で驚くほどの威力を発揮する身遣いまでには遠い道のりとなります。

本来「防御」は物凄く難しいものです。でも、それなくば命を落としてしまう、それほど大切なものです。先人たちは文字通り、「防御」には命をかけたことでしょう。その結論が「型」だったのです。

武術の「術」を体得するためには、独りで行う単独型によってしっかりと鍛練を積み上げ、それと併用して行なう約束組手といった限定された状況の方が、確実に学んでいくことが可能だと思います。そのために先人たちがこのような「型」を残してくれたのではないでしょうか。

第5章

相手と繋がる合気技

〝クラッチング〟からできること

1 型で合気が修得できる？

「空手の型で合気を修得できる」とは、第1章冒頭で述べたことです。そこでは詳細には触れませんでしたが、それをいよいよ、本章でご説明したいと思います。

合気を魔法のようなものととられる向きもあるかもしれませんが、まぎれもなく、肉体物理的に成立している武術技法です。相手がいかに屈強な剛力であろうとも、自在にコントロールして崩し、投げてしまう様はまさに魔法のように映っても仕方ありません。これは、相手との力のぶつかり合いが起こらないように導くことによってできる技法です。合気の崩し、投げ技と空手の打撃とではずいぶん質的に違うものと感じる方は多いかもしれません。しかし、この「相手との力のぶつかり合いを起こさない」という要項を示してみれば、さほど違和感を覚えることもないでしょう。これは空手においても剣術においても通用する、大事な〝根理〟です。

〝ぶつからない〟と言っても、かわしたりすれ違わせたりするのではありません。

合気をもう少し定義するなら、「相手と同化することによってコントロールする技術」とも言えそうです。〝対立〟なら削り合いや力比べになってしまいますが、〝同化〟ならば非力でも相手を制することができる訳です。こうなってくると、合気も大東流や合気道だけのものではなくなってきます。柔道にだってレスリングにだって使えそうです。しかしながら、打撃系に使うとなる

と、ピンとこない人も多いかもしれません。

でも、そんなことはありませんよね。前章でやったばかりの〝添わす〟も〝同化〟の一端ですから。

〝同化〟のためには何が必要か？

それはまず、相手と繋がることです。

これこそが、私が大事に考えている〝根理〟であり、〝クラッチング〟と呼んでいます。

本章はそれがテーマです。

2　〝突かれる〟でなく〝突かせる〟

今一度、前章で取り上げたような、突きに対する防御を考えてみます。

紙一重でかわしたり、紙一重に届かせなかった相手の突き手を自分の受け手で崩したりする防御を本などで目にした時、「実際はそんなにうまくいくものではない」と感じる方は多いことでしょう。

でも、ここに技法としての〝嘘〟はありません。

ここで行なわれていることの中には、あまり語られてこなかった要訣があります。

それが〝クラッチング〟なのです。

相手が打撃にきたら、避けねばと、なるべく体を遠ざけたいと思うのが心情というものです。

でも、それではよしんば初撃をかわせたとしても、引き続き次撃に備えなければなりません。

相手と離れているうちは、いつまでも追いかけっこを続けなければなりません。相手と繋がってこそ、相手をコントロールできるのです。さらに言えば、初撃に対しては、避けるのでなく、向かっていきます。これが〝クラッチング〟の第一歩です。

打撃に対して「受け入れるという心構えをもって前に出る」ことで、相手は確信をもって突き込みきってくれます。ここが重要です。途中で避けようとすれば、相手はその打撃を軌道修正しようとしたり、次撃を準備しようとしたりします。

ただし、向かっていくと言っても、実際に体をぶつけていくのではありません。向かっていく〝勢〟を示すのです。第2章でも触れたように「姿勢」に内在しているもので、体動ではなくそれ以前の〝勢い〟のようなものです。

相手と「同化する」という感覚は、スパーリングなどの実戦的な訓練で養成するのは難しいと

“突かせる”のメカニズム

相手の突きに対して「クラッチング」を生み出すためには、受け入れる心構えで前に出る“勢”を示すことが重要になる。避けたり離れようとしたりするのでなく、逆に繋がりにいく。

1
相手が突き込もうとしているところを…

2
避けるのではなく受け入れる。（“受け入れる”については第7章で詳述）

3
それによって相手との“クラッチング”が形成される。

4
“クラッチング”によって「同化」した相手を崩すことが容易となる。

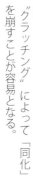

まず体に正しい形をとらせてこそ〝勢〟を示すことも可能になり、内面的な感覚も練っていくことができる。

考えています。そういった練習を繰り返しても、よほどの目的意識を持ってやらない限り、どうしても間に合わせの技術にとらわれがちになってしまいます。このことから、決められた形の稽古をしていくことで、確実に身に付けていくことができるのです。

まずは〝勢〟を示すには、第2章でも触れたように、体の外形が正しくなければなりません。その上で、目で見ることのできない内側の領域に踏み込んでいかなければならないのです。

3 "クラッチング感覚" の養成

では、目で見ることのできない内側の部分の訓練方法について、考察していきたいと思います。まず、相手と対峙した時に「自然体」でスッと立ちます。この「自然体」で立つということが、相手と自分の関係を、対立の世界ではなく調和の世界へといざなうカギとなります。

「自然体」で立てれば、"場との調和"がまず成立します。これは、正しい形で立てていると、実感できると思います。

自然体で立っているところに相手が突きで攻撃してきます。ここで、いきなり相手と正対している状態から見かけ上、型通りの腕受けの動作に入っても「術」の世界は発動されません。

ここでポイントとなるのが「相手の攻撃意識」といった、目に見ることのできない想念に、自分の心を意識して「合わせ」られるかどうかがポイントとなります。「相手の突き」といった目に見ることのできる部分ではなく、目に見えない想念に合わせるのです。ここまで読んでいただいて、もしかしたらあなたは「想念に合わせる??今いちピンとこない」と思われているかもしれません。では、想念という言葉ではなく「相手が前にでて攻撃してくる時に発生する"勢"」これに自分の心を合わせにいく、このようにイメージしていただけると、先程よりはなんとなくイメージできたのではないでしょうか。

よく「出鼻を挫く」などと言いますが、その「出鼻」のことだと思ってください。ここで攻撃する側の条件として「攻撃する時に発生する〝勢〟」が出るような突きをしなければ、稽古の意味と理解が薄まってしまいます。なので、攻撃する側は、思いきり相手の胸の中心を攻撃する必要があります。なぜならば、これは感性の稽古なので「感じる」ことがとても大切だからです。

真剣に攻撃すれば、攻撃側もきちんと「防御」された場合の「外された感」を認識しやすいですし、防御する側も真剣な攻撃のその〝勢〟を感じて合わせるという意味で、お互いの「稽古」となります。要は、目には見えない世界をオーバーに表現することによって認識しやすくし、感性を磨くことをやりやすくしていると考えていただけると、なんとなくですがご理解いただけるのではないかと思います。

まずは突き込んでくる相手の攻撃意識に合わさったことを認識したい訳ですが、そのための約束組手の型として、右の追い突きに対して自分は右側に移動して防御するといった形を行ないます。

これは、相手の内に入る身さばきになるため、途中で相手に対応され、突きの軌道を変化されて食らいやすい形です。

ただタイミングよく右へ出ればよいという稽古ではありません。相手と〝合わさる〟瞬間が認識できれば、そこからわずかに逸れるだけで突きは食らいません。〝合わさる〟からこそ、相手

“クラッチング感覚”を養うための約束組手

相手の右追い突きに対して右に出て防御する。

しかし、相手の内側に入る身さばきであるため、途中で対応変化されて突きを食いやすい。

はそこに突き込んでくれるので、そこからはずせるのです。

ここに、サンチンの身さばきを導入します。

踏み出した右足に左足を寄せていき、それにともなって体は右へ移動します。振れ幅は大きくありません。それだけに、精妙な感覚変化を追求して下さい。基本的にここでは相手に向かっていく〝勢〟であることを忘れずに。

体が右に移動していく中で、相手の攻撃意識と〝合わさる〟瞬間が訪れます。そうしたら、相手はそこへ思い切って突き込んできます。そこからわずかに逸れるだけで突きはかわせます。〝合わさる〟感覚がとらえられない限り、この防御は成立しません。

相手の攻撃意識に合わさった事を認識することが可能となる、つまり相手とのつながりが生じる。この状態が〝クラッチング〟です。そして、歩法を用いることで、相手とつながった状態から自分は相手の攻撃線から外れて、逆に相手を制圧する、といった状態をつくることが可能となります。

このサンチンの約束分解組手で〝クラッチング〟が成功していると、相手はいわゆる「腑抜け」の状態となり、その後に投げへとつなげることが可能となります。ここでよく勘違いされがちなのが、相手の突きにあたりにいき、そこから外れることをタイミングやスピードで行なおうとしてしまうことです。実際にやっていただくとわかる事ですが、この組手を行なって、相手を「腑

“クラッチング感覚”を養うための約束組手（サンチン歩法）

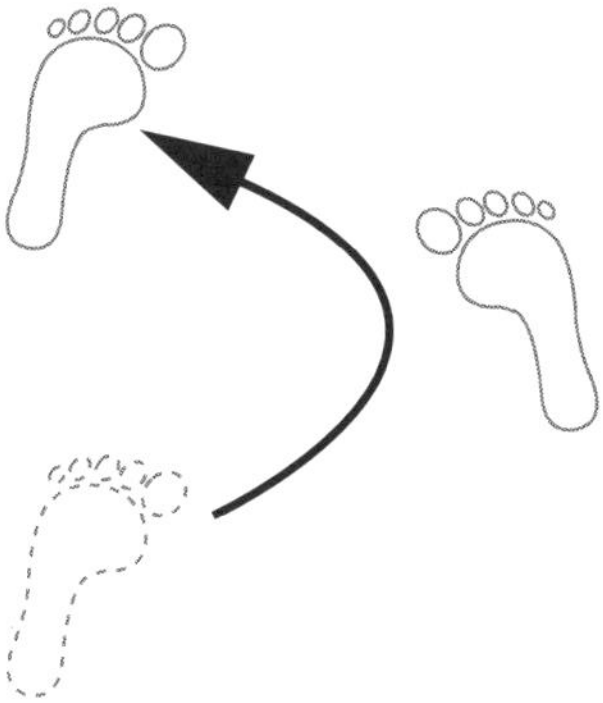

相手の右追い突きに対して、右に踏み出した足に左足を寄せていき、それに伴って体が右へ移動する中で〝合わさる〟瞬間（写真2）をとらえる。

そこからわずかにずれることによって、突きをかわし（写真3）、左に踏み出しつつ、突き手をとらえる。

抜け」の状態にして投げることはタイミングやスピードで行なってもまずできません。この約束組手で体得したいのは目で見ることのできない「術」です。それには股関節にきちんと乗った足運びや、腕を動かす際の肘の抜きなどの、カラダの外側の動かし方できている、ということが前提となります。なぜならば、その体の動きが「気配の消えた」動きとなり〝クラッチング〟を可能とするからです。このように、まずは単独型による徹底した訓練が必要となり、それがあっての約束分解組手となるわけです。「自然体で立つ」も、〝クラッチング〟を可能とさせるのに重要な「目付け」「歩法」など、組手で相手を腑抜けにさせるための重要な要素が全部「型」に集約されているのです。』

そして、そこからの内面的な心のあり方がとても重要となります。なので、この内面の心のあり方を意識せずに約束組手の訓練を繰り返し行なっても、相手の動きに目と心が向かってしまい、なかなか術の体得、そしてその世界への実感へとつながってきません。だからといって、そのことを意識すればすぐに術の世界が開けてくるというものでもなく、何事も順序というものがあります。

約束組手における目的としては、内面的な心のあり方によって、自分と相手、我と彼を一体化させる世界をつくりたいわけです（我彼合一）。要は自分の世界観を広げて、その中に相手も取り入れて一体化することが狙いとなります。とすると、組手といった状況の中で我彼合一の世界

を表現するためには、相手を取り込めるだけの世界観をもった「器」が必要となってくるのです。そして、その「器」の形成に最適となるのが一人で行なう「単独型」となり、ここに型稽古における心身の練り込みの重要性というものを、改めて認識できてくるのです。

4　一人で養う〝クラッチング感覚〟

この〝クラッチング〟の技術は相対稽古の中でしか体得することができないのでしょうか？

答えは〝否〟です。むしろ一人稽古の中でこそ体得しやすい面もあります。

サンチンで考えてみます。

まず、三戦はよく守りの型とよばれ、サンチン立ちで両腕受けをしているポーズをよく目にすることがあるかと思いますが、この構えにヒントがあります。この構えがきちんとできていれば心身にエネルギーが流れて、〝クラッチング〟の技術を使えるようになります。外形はやはり、前提として大切です。

肘を絞り、〝螺旋〟を作ります。胸を抜いて（含胸）、腰椎を真っすぐにし、股関節前部に窪みを作る要領で、股関節にしっかりと体重が乗るようにします。足はやや内股にしてやはり〝螺旋〟を作ります。

といったように、ありとあらゆることを注意深く意識しながら構えをとるのですが、もちろん、いきなりこれら全ての事柄を意識するのは難しいので、今日は腕の角度、明日は下半身の形など と自分の中でテーマを決めて、日々、根気よく稽古していくことで、理想とする形（型）へと近づけていくのです。

それともうひとつ、型で稽古するときに重要な事柄があります。それは「目付け」です。目は心の窓などという言葉もありますが、目がチラチラ泳いだり、まばたきを何度も繰り返すなどといったことではエネルギーは流れません。目付けをきちんとすることによって、心の勢いを出すことが必要となります。このことを中国武術では「眼神」といって「目に神を宿せ」といった言葉で目付けの重要性を説いています。また、沖縄空手でも「虎の目になれ」といった言葉によって目付けの重要性を説いています。

ではどのようにして目付けの訓練をしていくのかを、具体的に説明させていただきます。まず、

前方を目視した時に中心となる一点を見つけます。そして、その一点を中心として周囲の全方位をボンヤリと眺めるような感じで意識を向けます。この時に中心となる一点を目力を込めて睨むようにしてはいけません。文章でニュアンスを伝えるのは難しいのですが、イメージとしては、お寺などで鎮座されている如来様のような「全てを見透す」かのように清んだ目をイメージして中心となる一点を目視していただければと思います。そして、そこから周囲をボンヤリと眺めて自分の意識が全方位に拡がっていくような感じが出てくることを認識します。これが目付けの訓練方法となります。

まず、中心となる一点を見つけることによって自分のエネルギーを一点に集中させることを訓練します。虫眼鏡を使った実験で、黒い紙に太陽光を集約させて当てて焦がすものがありますが、当然、この時に光と

目付けの要領

実際

理想的な目付け

中心となる一点（便宜的な目標物：白星）を見つけ、周囲をボンヤリ眺めるように見る。

焦点（ピント）は普通、視野のごく限られた範囲にしか合わないようになっているが、それを自覚している人は少ない。そのぼやけた範囲を認識することが重要。

一点を凝視する目付け

一点を〝凝視〟すると、それしか見えなくなるので居着きとなってしまう。

熱を一点に集約させなければ紙を焦がすことできません。虫眼鏡に当てられる太陽からの光と熱のエネルギー量は決まっていますが、虫眼鏡を通過させて一点に集約させることによって、集中力となって、紙を焦がす程のパワーが生まれるのです。

これと同じことを目付けを一点に集中させることで、意識エネルギーを集中させる訓練をしていると思っていただけるとなんとなくイメージがわくのではないでしょうか。ただし、一点に集約させながらも、周囲にも意識を拡げていくところが虫眼鏡とは違うところです。集中と拡散という、相反する内面の動きを同時に行なうのです。

目付けの目的はもちろん、視覚情報をどうこうしようということではなく〝内面〟です。外形を整え、目付けを整えて内面鍛錬の下地を作ったら、さらに深く〝クラッチング〟に向けた内面意識の発動を行なっていきます。

相手とのクラッチングが生じるところをライン（3次元的には面）として想定します。サンチンでは左右への重心移動に伴って小さな左右動が生まれますが、その中で「クラッチングが生じるライン」と自分の中心戦がしっかり「合った」瞬間をとらえ、認識します。さらに動くことによって当然、そこからはズレていきます。目には見えていなくても、しっかりとそのラインを意識して、合わさる瞬間を認識することで、相手との「クラッチング」が生じるようになるのです。そのことが防御が成立する前提となり、そこからズレることによって、自分とつな

“クラッチング感覚”を養うためのサンチン

1

クラッチングが生じるライン（3次元的には面）を想定する。

2

体重移動に伴う体幹移動でそのラインにぴったり自分の中心と合う瞬間（クラッチング）を認識。

3

合った後にさらに体移動すればラインからはずれていく。この感覚もしっかり認識。

4

合わせからのズレとなり、内面操作へとつながるようになる。

がった相手がくっついてくるといったことが起こります。この時に作用しているのは目には見えない内側のエネルギーです。「クラッチング」が生じることにより、つまり、相手と「同化」することで目には見えない内面のつながりができ、そこからズレる動作をすれば、つながった相手のエネルギーもそれについてくるといった内面の操作をすることが本当の目的となります。それによって、通常動作ではまず力のぶつかり合いとなってしまうようなところで、そうならずに技をかけることが可能となるのです。

5 〝クラッチング〟の共通形態

合気道でよくみられる「横面手刀打ち」の攻撃を防御するということにおいても、〝クラッチング〟させることができるかどうかで、おのずと結果が変わってきます。

まず、相手が攻撃してきた手刀に自分の腕を当てて防御してみます。大概は力同士がぶつかり合い、相手を崩すといった状態までもっていくことはできません。では、どのようにしたら相手を崩す防御ができるようになるかということなんですが、それに最適な練習方法があるので紹介させていただきます。

まず重要な原則として、相手が攻撃してくる勢いを感じてその勢いを〝受け入れ〟ながら当たりにいくということを練習します。ここでよくやってしまいがちな間違いとして、相手の攻撃してくる腕（部分）に当たりにいってしまうことです。突きや蹴り、またはタックルなど、全ての攻撃に対する防御の方法として共通することなのですが、手先足先などの部分を認識して対応するのではなく、相手全体をひとつと認識して対応することが要求されます。なので「相手の攻撃してくる勢いに当たりにいく」という感覚を養成することが必要となってくるのです。

そこができると、非常に広範に応用が可能です。

〝クラッチング〟を用いた、攻撃対処の原理形はこのようになっています。

① 相手が自分の中心を攻撃してくる。こちらはその相手の勢いに当たりにいく（半歩出る）。

② 当たった（合った）ことを認識したら、そこからずらして受ける（相手は腑抜けになる）。

③ 腑抜けになった相手を崩す。

次ページの写真はタックルに入られたところを崩す技法で、実は第2章（49ページ）で取り上げた例とまったく同じ形です。

第2章では骨盤操作の例として解説しましたが、実はその水面下で行なわれていたのが〝クラッチング〟だったのです。「骨盤を後ろに回転させる」と記したのはここでの②の〝ずらす〟操作です。

相手がこちらの中心を攻撃してくる。こちらはその相手の勢いに"当たり"にいく。

"当たった"（合った）ことを認識したら、そこからずらして受ける（相手は腑抜けになる）。

腑抜けになった相手を崩す。

実際にやってもらうと相手を崩すまで持っていくことは簡単にできません。大事なのが②の時に相手と〝クラッチング〟できているかどうかということになります。きちんと〝クラッチング〟ができると相手にスカを食らわせた状態、いわゆる「腑抜け」にさせることが可能となります。この約束組手を練習することによって、突きや蹴りといった相手の攻撃してくる部位に当たりにいくのではなく、相手が攻撃をしてくる意識に当たりにいく、この感覚を養成するのです。

これは当然、目には見えない感覚の問題となります。目で見るというよりは、どちらかというと耳で聴くといった感覚の方が近い感じがします。

中国武術で聴勁という用語がありますが、なぜ視覚ではなく聴覚（単純に聴覚を用いるということではありませんが）なのかということが、自分で〝クラッチング〟をさせることができるようになってきて、認識できるようになってきました。

〝クラッチング〟の感覚が養成されることで先程の「横面手刀打ち」に対する防御が可能となってくるのです。

つまり、「突き」であろうと「手刀打ち」であろうと「タックル」であろうと、攻撃の種類こそ違えど、相手が攻撃してくる勢いに当たりにいくという原則が変わることはないので、攻撃部位がどう変わってこようと肝心なのは〝クラッチング〟という根理を体現できるかどうかということだけになります。〝クラッチング〟できれば、空手の上段受けのような防御から、そのまま

相手が「横面手刀打ち」にくる。相手が何をやってこようが、その勢いに当たりにいく。

“当たった”（合った）ことを認識したら、そこからずらして受ける。この“クラッチング”の成立により相手は腑抜けになる。

相手は腑抜けになり、受けた手そのまま、崩しをかけることができる。

投げて崩すことも可能となるのです。

ここまで色々なことを説明してきましたが、このように、独りで行なう型稽古によって、合気道のようなこともできるようになりますし、空手等の打撃技の威力をあげることも可能となります。そして、なによりもそれを使いこなすために重要となる〝クラッチング〟の技術も型稽古で養成することができるのです。

いくら威力のある突きを出すことができても、掴まれたという限定された状況の中で技ができるようになったとしても相手は止まっていませんし、自由に動き続けるのが当たり前です。そのような自由に動き回る人間に技をかけるのに必要となるのが〝クラッチング〟という術なのです。これは主に、肉体的なパワーよりも心の作用といった内面的な要素が要求されます。

しかし、内面の操作をこなすためには、肉体鍛練とその操作方法をリラックスを主体とした動きへ変換させることが必須となり、その先の技術として〝クラッチング〟が可能となってくるのです〝クラッチング〟自体は内面的要素で、まさしく相手と接点〝クラッチング〟をつなぐ技術となりますが、そこから先に技をかけたりすることは肉体の技術（外面）が必要となります。このことを中国武術では「内外合一」と表現しているのだと思います。要は肉体鍛練だけでもダメだし、かといって精神鍛練だけでもダメということです。

第6章

蹴らない歩法

1 〝抜き〟の歩法

武術においては〝力比べ〟という選択をとりません。なぜならば、〝自分より力で上回る相手には勝てない〟方法論では意味がないからです。

よって、ただ歩くにしても、力強く、地面を蹴って進む必要はありません。それよりも、相手の力とぶつからない歩法を目指します。そしてかつ、最速の歩法です。

それを実現するのが、〝抜き〟の歩法です。

実験です。後方から誰かに腰辺りを軽く抑えてもらいます。帯をしていたなら、軽く帯を掴んでもらいます。ここで「軽く」とあえて記したのは、これはあくまでも検証であって、当然、勝ち負けを競うものでも筋力トレーニングでもないので無理やりに押さえ付ける必要は全くない、ということです。

実際にやってもらうとわかりますが、この体勢では軽く押さえられただけでも、前方へ進むことは容易ではありません。この状態から前方に進むためには通常の蹴る歩き方では前に出ることができません。

そこで歩きの質的転換をさせる、つまり「歩法」を体得する必要が出てきます。

歩法における"力のぶつかり"の検証

"抜き"の歩法

足の筋肉をむしろ使わない"抜き"の歩法を用いると、あっけなく前に踏み出すことができる。

通常の歩法

後ろから腰あたりを抑えられると通常の歩き方ではなかなか踏み出すことができない。力のぶつかりが生じているので、後は足の力次第、となる。

まず体の外側の使い方を変えます。ここで必要なのがやはり、これまでも再々登場した「股関節に重心をのせること」と、新たな要目として「膝の抜き」です。

この2つの作用を働かせることによって、蹴らない足さばき（歩法）が発動するようになります。この2つを意識的に訓練していくことで、歩き方の質的転換が起こり、あらゆる足さばきが武術的になっていくのです。それに内面の作用も働かせることで、押さえる人が一人だけでなく複数人が数珠つなぎになったような状況でも、前方へと進むことが可能となるのです。傍目にはもの凄い脚力の人のように映るでしょうが、もちろんそういうことではありません。

しかし、いきなり「膝を抜く」と言われても、それがどういう身体操作を意味するのかわからない方も多いと思います。

まずは次のような方法をお試し下さい。

① 足を前後に開いて立ち、誰かに、後ろ足にしがみつくようにしっかりと押さえてもらう。この状態から後ろ足を踏み出すのは容易でないことを確認。

② 股関節前部に窪みを作る要領で少し体を折り、前股関節にしっかり体重を乗せる。これによって後ろ足が〝フリー〟の状態になるので、

③ 〝フリー〟になった足を、地面とも体重とも相手の力とも関係ないかのごとく、スッと前方へ膝を〝抜く〟ような要領で送ると、簡単に前に踏み出すことができる。

“膝の抜き”の修得法

後ろから足にしがみつかれた状態。ここから力ずくで足を踏み出すのは容易でない。

股関節前部に窪みを作る要領で少し体を折り、前股関節にしっかり体重を乗せる。これによって後ろ足が“フリー”の状態になるので、

地面とも体重とも相手の力とも関係なく、スッと前方へ膝を“抜く”ような要領で送ると、簡単に前に踏み出すことができる。

この〝抜き〟の歩法は、武術ならば何にでも使えるものだと思います。相手に力で妨げられても、ぶつからないので止められません。余計な筋力は稼働しないので、動きの予兆が生じません。合気道などで見られる、相手の突きをかわしてから投げに持っていく動作なども、この〝抜き〟の歩法を体得している必要があります。〝抜き〟と内面のコントロールによって相手の突きをかわし、無力化することが可能となります。ああいった技法は、素早さとタイミングでなんとかしようとしているうちは、決して武術になってきません。

次ページの写真は「龍成歩」と呼んでいるものです。中国武術の意拳の鍛練法である「摩擦歩」を参考に、意識の用い方を独自のものとした練功法となります

前章でもサンチンでの同種の修練を説明させていただきましたが、今度は龍成歩で〝クラッチング〟修練を行なってみたいと思います（次ページ写真）。

まず、仮想の相手の攻撃線をイメージします。そして、龍成歩の動きをする合間に、仮想の攻撃線と自分の正中線が重なるところがあるので、そこを「認識」するのです。この「認識」するという行為が「クラッチング」へとつながってくるのです。

この時に間違えやすいのが、自分の正中線と仮想の攻撃線を「合わせにいってしまう」ということです。外見的には同じ動作に違いないのですが、内面の意識が「重なりあうことを認識する」のと「合わせにいく」では、全く違うものとなってしまいます。武術の稽古は「感性を磨く」こ

龍成歩

左右斜め方向にゆっくりと歩を進めていく中で、想定した相手の攻撃線と自分の正中線が一致した瞬間を認識する（写真4）。仮想攻撃線に「合わせにいく」意識を持たないように。体動の結果、「合った」瞬間がおとずれることを認識する事。

とだと私は思っています。その観点からすると、「合ったことを認識する」は、まさしく合ったことを「感じる」ということになりますが、「合わせにいく」という行為には「感じる」という感覚が薄れてしまい、頭で考える要素が強くなってしまいます。

かのブルース・リーが映画「燃えよドラゴン」の中で言ったセリフ「don't think! Feel!」「考えるな!感じろ!」といったことが、まさしくこれに当てはまってくると思います。

そのようにして、「合ったことを認識」して、そこからズレていくのです。それを意識的に繰り返し訓練していくことによって、「合わせからのズレ」といった、内面作用の術が使えるようになってくるのです。八卦掌の蹚泥歩《しょうでいほ》なども、結果的にはこれと同じことを体得することが可能なのですが、この龍成歩の方が、感覚を理解するのに最適かと思います。

2 相手が崩れる足さばき

武術的足さばきを体得していることの検証です。離れた間合いから相手に近づき、相手の足の横に自分の足をフワッと置きます。「股関節に重心をのせること」や「膝の抜き」を主体とした足運びと内面の作用が働くようになっていれば、相手を無力化させることができるので、そこから軽く腕を落とすだけで相手は崩れていきます。通常はこの状態で腕を落としても、相手を崩す

“武術的足さばき”の検証

相手に近づき、相手の足の横に自分の足を“フワッ”と置く。これだけで、相手の腕を軽く落とすだけで崩せてしまう。

自分が正しい体動を行なって、“場との調和”を成立させていれば、相対的に相手は無力化される。

ことは容易ではありません。この「フワッ」とした足さばきも型で訓練します。空手のサンチンや太極拳の運足などでこれを訓練することができます。

この要領を簡潔に言うと、足を上げて地面に置く時に「フワッ」と下ろすことを〝意識〟するのです。「なあ〜んだ、そんなことか」と思ったあなた。その何気ない〝そんなこと〟を意識するかしないかで、後々の結果にえらい差が出てくるのです。もうひとつ、「フワッ」と下ろす意識と併用させて、「点」で足を着地させるということも意識します。この二点を意識しながら運足させることで足さばきの質的転換が起こるのです。

3 術を可能とする歩法

八卦掌の蹚泥歩はなぜあのように円周上をぐるぐると回るのか？　これは私が八卦掌を習った時に素直に感じたことです。開祖の董海川《とうかいせん》がどのような意図であのような練功法を開発したのかは定かではありませんが、私なりに色々な検証を重ねてきた中での解釈を説明させていただきたいと思います。重要となるのはその練功法がいかに実戦へとつながるかだと思っていますので、術へとつながる心体操法の面での説明となります。

まず、武術的歩法に共通する「蹴らない足捌き」を体得することが、蹚泥歩においても目的と

〝虎の背中〟に〝熊の腰〟。肩甲骨が手先と、骨盤・股関節が足先と繋がっている感覚。

なるのですが、その「蹴らない足捌き」をする姿勢がちょっと独特となります。蹚泥歩においては「虎背熊腰」といった姿勢が要求されます。この姿勢は読んで字の如く「背中を虎のように、そして腰は熊をお手本としなさい」ということを伝えている訳ですが、では虎の背と熊の腰とはどのようなものなのでしょうか？

古伝体術的に探求していった結果としては、背には肩甲骨があり、腰には股関節や骨盤があるのでそこを虎や熊のようにしろと言っているのではないかと思っています。

まずは虎の背中、あるいは猫科の動物が歩く時の前足と肩甲骨の動きをイメージしてください。見事に「肩甲骨と足先が連動している」さまが伝わってくると思います。そのイ

下踏掌

掌を下に向け、「虎背熊腰」の姿勢を維持したまま、あまり体を上下動させずに歩く。

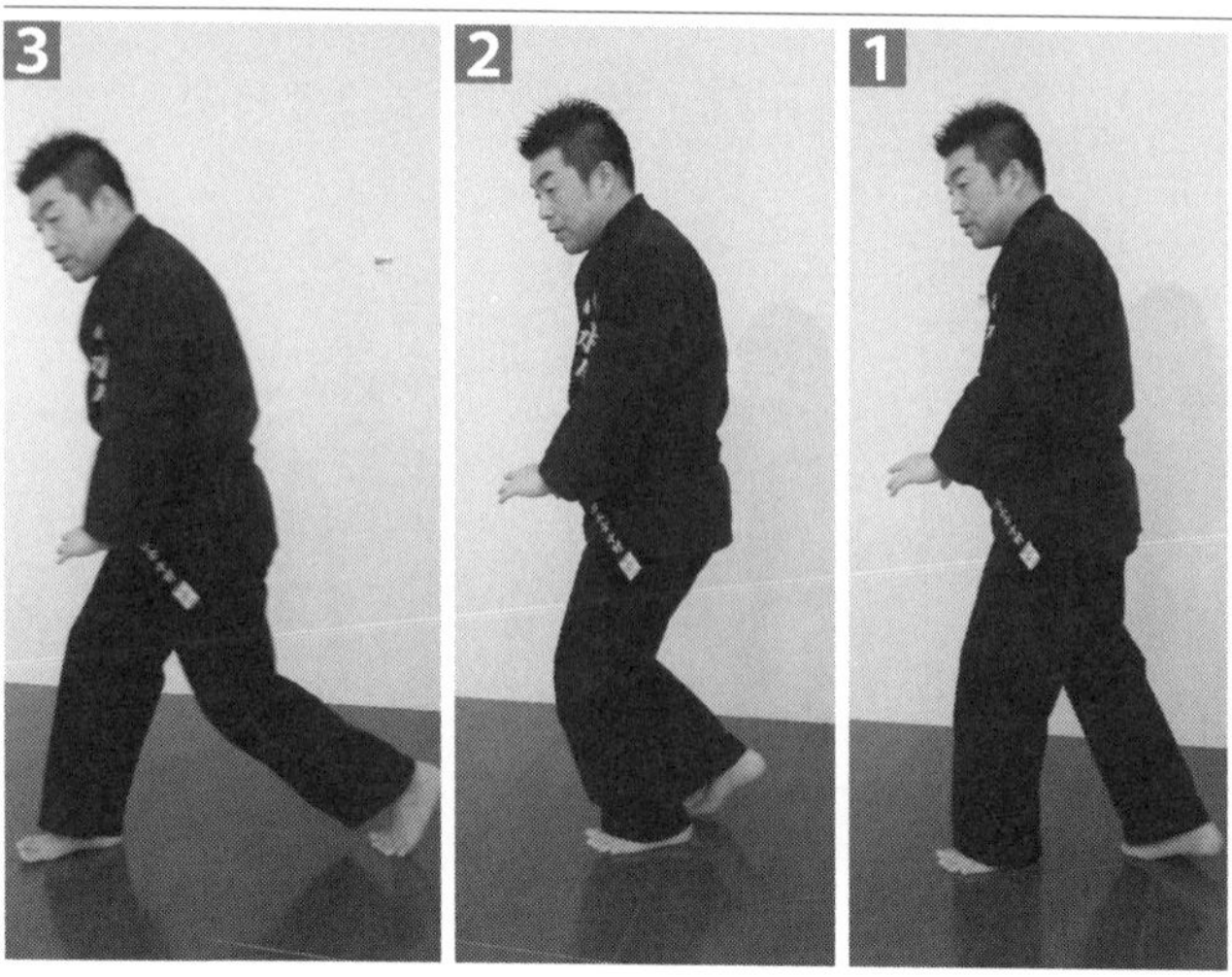

メージで自分の肩甲骨と手先をつなげたいのですが、八卦掌の基本練功法である下踏掌で、いかにこの手先と肩甲骨をつなげて「虎の背」にしていくかを説明してみましょう。

下踏掌では手のひらを真下に向けて肘を外側に張り出すポーズをとります。この時に手先と肩甲骨をつなげれば「虎背」になるのですが、どのようにしてつなげるかがポイントとなります。

「虎背」に関しては、手先を回旋させていくことと、肩甲骨の回旋を合わせることによって、手先と肩甲骨を連動させていきます。手先の回旋と肩甲骨の回旋を合わせるってどのような感じなのか？

サンチンの突きのところでご説明しました「突き出す拳に対して肩甲骨が後方に突き出し、なおかつ背骨に巻き付くように」と同じことを下踏掌

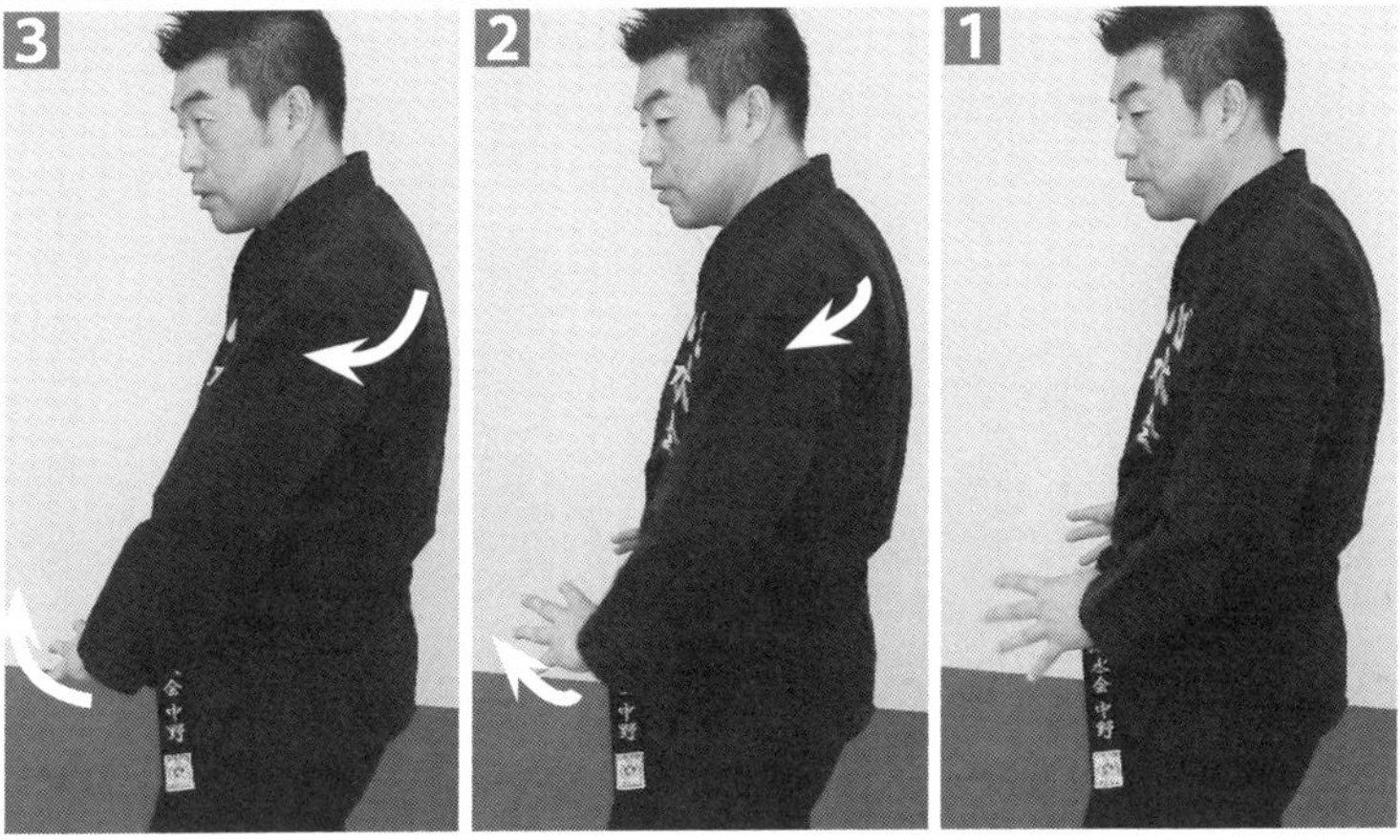

掌を下に向け、指先を内へ、肘を張り出すようにして生じる腕の回旋を肩甲骨の回旋に連動させる。

でも行なっています。ただ下踏掌の場合は肘の張り出しと開掌によって手先を回旋させることにより、型稽古によって養成したい螺旋の感覚が、突きよりも認識しやすく、それに伴う肩甲骨の後方突き出しと回旋の感覚が掴みやすいと思います。

ただ肩甲骨を動かす感覚というのは、最初はなかなか動かしているという感覚を認識するのが難しいかと思います。後方へ突き出すといってもどれくらい出すのか。ここで再度、ブルース・リーなんですが、映画『ドラゴンへの道』のシーンで、まさしく猫のように肩甲骨をボコッと大きく後方へ突き出す場面があります（あの肩甲骨ボコッのシーンは結構印象深かったです）。あれぐらいボコッと出さないとダメなのかというと、そんなことはありません。鍛練結果としてあそこまで出るようになればそれにこしたことはないのかもしれ

肩甲骨を動かす感覚を確認する

椅子の背もたれや壁に背中をつけ、引き手をする要領で両肘を後方へ寄せることにより肩甲骨を後方へ。壁と当たる感覚を認識しながら、さまざまな方向へ肩甲骨を動かしていく。

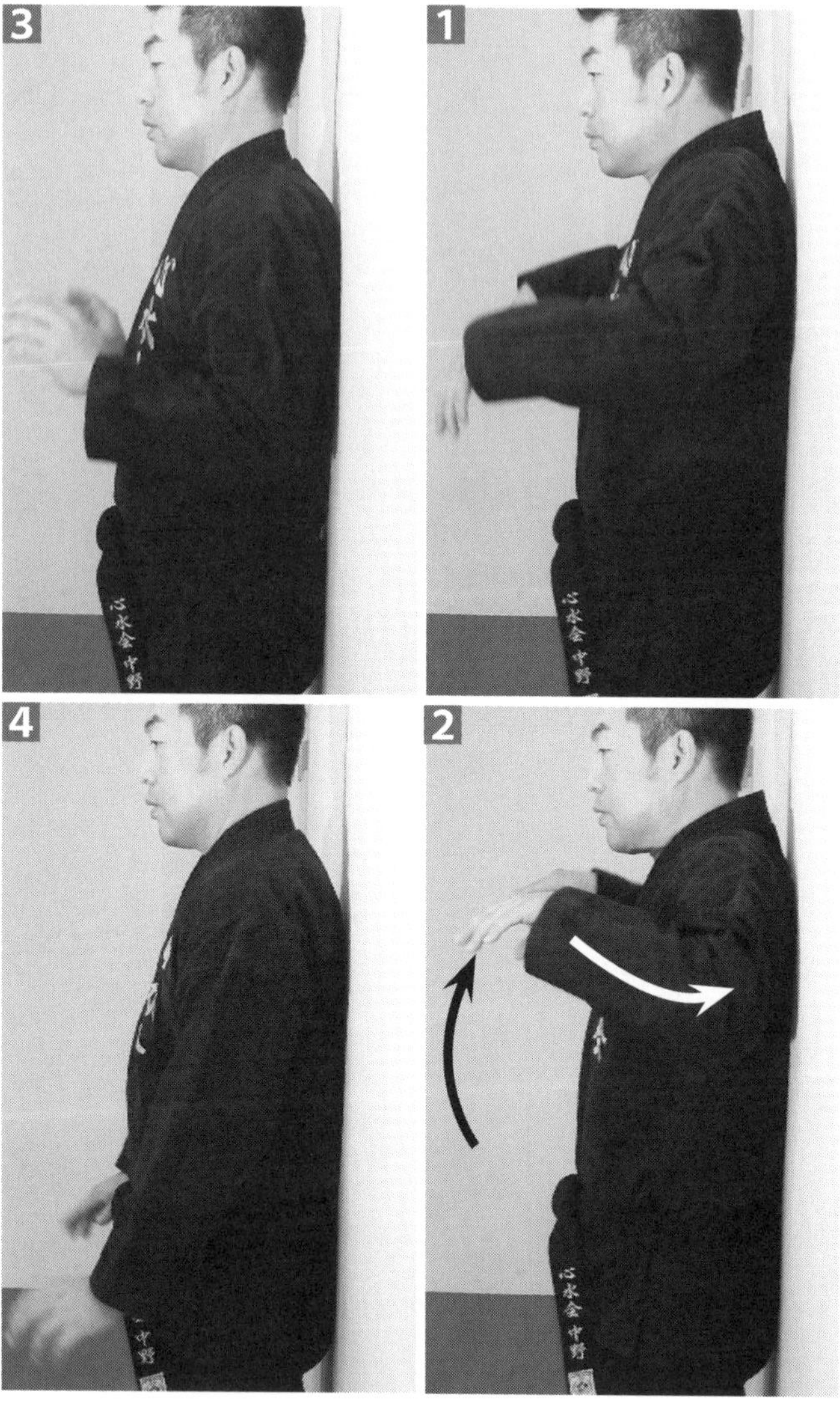

ませんが、古伝体術で大切にしているのは「感覚化」です。

ではその感覚とはどういったものか一緒にやってみましょう。背もたれのある椅子を用意してそれに腰かけてみてください。身近に椅子がなければ壁に背中をつけた状態になってください。そこから引き手をする要領で両肘を後方へと寄せてみます。その時に、肩甲骨も一緒に動かしてみてください。肩甲骨がグリグリとしっかり動いていることが確認できるくらいに肘（腕）を何度か前後や左右などあらゆる方向に動かしてみてください。肩甲骨が動いていることを感じてください。逆に腕だけ動かして、肩甲骨が動いていない状態がどんな感じかも確認してください。より肩甲骨が動く感覚を明確化できます。まずはこの両肘（腕）を動かすことと肩甲骨が動くことを確認できればオッケーです。

今、肘が動いてから肩甲骨の動作認識という順番で行なってもらいましたが、今度は逆に肩甲骨を先に動かしてから、肘を引いてみることを何度か繰り返してみてください。これによって、肘と肩甲骨を連動させることが感覚化されていきます。それを、突きを出した時に肩甲骨が逆方向へと突き出るような感覚に導いていきます。下踏掌の時にも肩甲骨が同じように動くことを意識して訓練していく。このようにして「虎の背」が感覚化されていくのです。

そして、下半身を「熊の腰」にする訳ですが、この目的は、熊が二本足で立ち上がった時の何

〝気配が消える〟歩法

お尻を丸め込むようにすることによって、自然と足が滑り込むような形になる。蹴ったり、自然でない作為の操作が削ぎ落とされていくことによって、気配の消えた歩法となっていく。

ともいえない安定性を持った下半身を実現したいのだと思います。通常は四足歩行している熊が二本足で立ち上がった時は、腰部が一本の板が入ったように真っ直ぐになっています。そしてお尻も真っ直ぐに落ち、椅子に腰掛けたような「馬歩站椿」のような状態になっていることが見受けられます。これは、腰部を真っ直ぐにすることによって上半身と下半身のつながりを形成させることが目的のひとつではないかと思います。そして、その場で立っているだけならばこの「站椿」の姿勢でよいのでしょうが、八卦掌の場合は円周上に歩みを進ませなくてはなりません。そこでお尻が丸め込まれた、つまり肛門がお臍の方へ向くように「ケツを巻く」んです。その姿勢をすることによって自然と足が滑り込むような形になります。つまり、この滑り込むような動きが「蹴らない足さばき」となり、気配の消えた歩法となる訓練をしているのです。そして「虎の背」と「熊の腰」によって上半身と下半身がつながった全身一致での歩法と身法が可能となるのです。

八卦掌の姿勢「虎背熊腰」は、それを体現させるための要訣なのだと思います。以上のことから、この下踏掌を基本功として最初に訓練するのは、上半身と下半身をつなげて、気配のでない歩法を身につけるのに最適だからなのだと考えます。

それでは、円周上をぐるぐる回るということにどのような意味合いがあるのでしょうか。私が習った八卦掌では「里進外扣」という言葉が伝えられていました。

それはどのような意味なのかというと、内側の足は真っ直ぐに進め、外側の足が弧を描くこと

「里進外扣」の歩法

内側の足を真っ直ぐに踏み出し、外側の足を内に弧を描くように踏み込む組み合わせによって全体として円を描く軌跡となる。

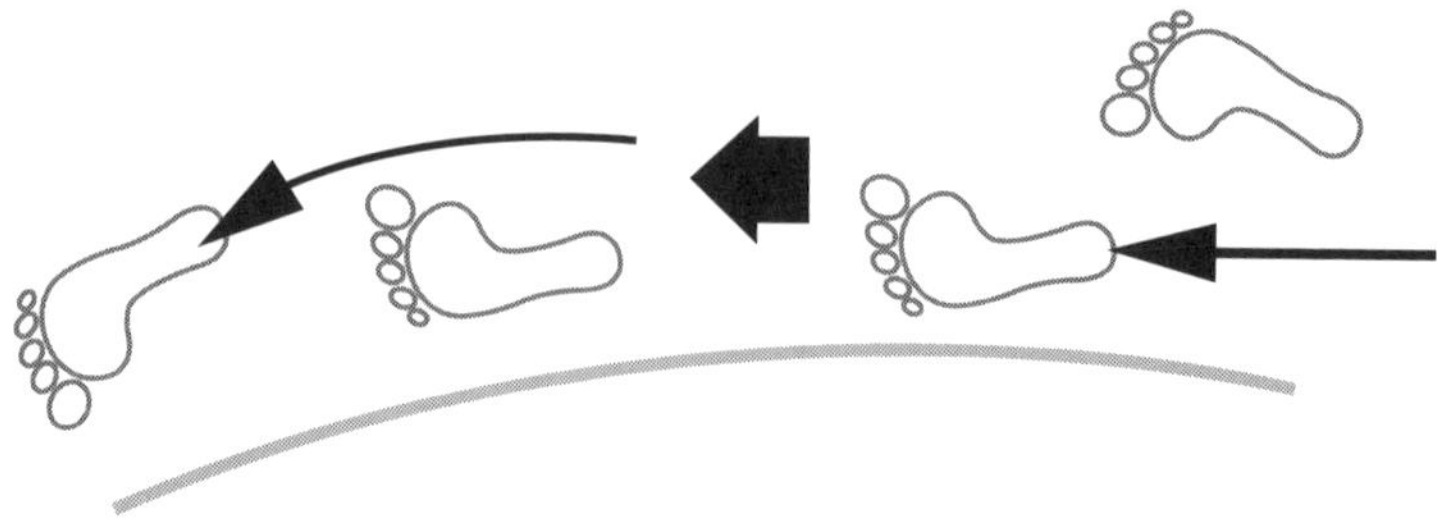

によって円周上を歩くということでした。この歩法を教わった時には、伝統武術にありがちな「これに一体何の意味があるのか？」「こんなことをやって強くなるのか？」という疑問を抱きました。それでも「過日の達人は、基本功を一番大切にした。トウロよりも基本功を徹底的に訓練することで実力をつけた」という、当時の師の教えを信じて、八卦掌の基本功である蹚泥歩をよくわからないまま、ぐるぐると廻りながら歩いていました。

結果としては師の教えの通りに、基本功の訓練をしたことが実に良かったと思います。なぜならば、後に戴氏心意拳を学んだ時に理解できたことなのですが、この蹚泥歩は、武術的な歩法の基盤となる「抜きによる運足」を訓練させる歩法だということが理解できたからです。「抜きによる運足」によって、先程も説明した蹴らないことによる気配の消えた運足になり、なおかつ、この蹚泥歩は「下から潜り込む」という、相手から認識しづら

“下から潜り込む”武術用法

人の眼は、急激な上下変化は追いづらく、体変化としての重心、力の意味合いでも追いづらい。相手の死角をつく、大きく沈む動きはなかなかやりにくい動きだが、歩法を訓練しておけば、自然になせるようになる。

1

2

3

4

い移動手段を体得させてくれていたのです。そして、里進外扣によって円周を巡るということは、「合わせからのズレ」という内面的な作用が大きい部分も、きちんと意識することによって訓練できてしまうという、虎背熊腰による姿勢や螺旋、気配の消えた歩法、そして「合わせからのズレ」といったものまで、とにかく武術にとって必要となるいくつもの要素を訓練できてしまうという、ハイパー鍛練法だったと気付くことができたからです。

つまり、円周上をぐるぐる廻ることが重要ではなく、里進外扣を守ることによる結果として、円周を巡るようになるということ。そして、その時のカラダの姿勢がとても大切になる。このことを円周を巡る繰り返し動作によってカラダに染み込ませていく。これが、八卦掌が円周をぐるぐる廻る歩法の重要な意味なのではないかと思います。

学び始めた当初はそんなことを意識できたわけではないのですが、後々、様々な武術に触れることによってこの蹚泥歩の素晴らしさに気付くこととなりました。

それでは、この蹚泥歩を用いた実験を行なってみましょう。相手に自分の正面に立ってもらいます。まず、普通に相手の側面を通り抜ける形で相手の側面につきます。そして、相手の首に前腕を巻き付けてそのまま崩してみます。通常は力がぶつかり合ってしまうために、相手を崩すことはままなりません。次に、蹚泥歩を用いて行なってみます。この場合、型と同じように動くのではなく、型で培われる内側を重視した動作で行ないます。相手に正面に立ってもらった状態か

「里進外扣」の歩法による実験

正面に立ってもらった相手の側面に普通に出て、ただ崩そうとしても堪えられてしまうが……

真っ直ぐに相手に向かう「里進」（左列写真2）とその〝合った〟状態からズレを生じさせる「外扣」（左列写真3）の組み合わせによれば、相手を崩すことができる。

ら、自分は半歩踏み込みます（里進）この時に相手とのクラッチングの形成を認識します。そこから反対側の足を相手の外側へ移動させます（外扣）。きちんと内面的な作用が働けば、首に巻き付けた前腕で、相手を崩すことが可能となります。これに八卦掌の代表的な構えである白蛇吐信などを混ぜ合わせることにより、相手の背後に回り込む技法などが実現可能となるのです。

第7章 “心”の扱い方

1 「内形」の醸成に不可欠な心・意識

ここまで、型に秘められたさまざまな内実、および、型もこんな風に行なえば単なる反復動作練習に止まらない、本当に使える身法が身に付く、というさまざまな観点をご紹介してきました。

ここまでお読みいただいたならば、もう〝型は使えないもの〟とは思わないことと思います。

「型は実戦でのそのままの対処方法を抽出したものではなく、その流派が求める心身のシステムを開発するためのものである」というのが、私の考えです。

型というものは、そのままの形で使おうとすると、当然ながら使えません。そのことから「こんなの使えない」と思いながらも、伝統で引き継いできたからとか、もしくは、体づくりのための鍛練法といった理解や、基本動作の訓練法といった状態で、型稽古が認識されてしまっていることが多いのではないかと思います。私としてはその現状が本当に残念でなりません。型の本当の醍醐味や深さはその先にあるのです。型稽古では、型の要求する形に沿って体を動かしたり、納めたりすることによる「外形」の養成から始めていき、その正しい「外形」の訓練により、徐々に目では確認することのできない「内形」が養成され、最終的には「内形」の訓練へとシフトしていくのです。陳氏太極拳の陳発科先師が、目を瞑った状態で、体を動かすことなく俗に言う瞑想状態にあっても、太極拳の訓練をしていたというエピソードがありますが、これなども「内形」

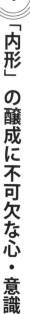

が養成されることによって、そういった方法での訓練を可能としていたのではないかと思われます。そして、その目では確認することのできない「内形」を用いることで「型が使える」ということが実感できるようになるのです。

外形の訓練から徐々に養成される内形をいかに実戦へとつなげるのか。これにはイメージの力を用いることでそれが可能となります。

本書の締めくくりとして、本章では、心・意識の側面を取り上げてみたいと思います。それは、型というものを、とくに単独型を行なうに際しては、本当に重要な要素になってくるのです。

2 〝心〟で組むサンチン

再び、サンチンの型を用いた実験を紹介したいと思います。ここまで、再々サンチンという型を登場させてきましたが、それはサンチンが特別な型だという意味合いで挙げているのではありません。他の型でも、いくらでも応用可能です。一つの型にこれだけ多角的な要訣が包含されていることを示すことによって、普遍的な術理の内在を示唆することが目的です。

サンチンは「守りの型」といわれています。サンチンの象徴である、顔の高さに立てられた両腕は、間違いなく攻撃手ではなく〝受け〟です。

サンチン“腕受け”による崩しとイメージによる「内形」形成

サンチンの形を正しくとる。胸の抜きや肘を絞ることによって生成される螺旋、腰椎～骨盤の状態、股関節への適切な体重の乗り、など、身法ができていれば、その腕を掴む相手を容易に崩すことができる。

相手の右手突きに、サンチンをイメージした左腕受けで応じる。イメージによって「内形」が形成されるため、正確にそのままのサンチンの形でなくとも、同様に崩すことができる。型はこのように、応用がいくものへと昇華される。

サンチンの形を正しくとって、その両腕を相手に掴んでもらいます。型がきちんと形成されていれば、相手の体勢を崩すことが可能となります。

そして、今度は同じように相手に突き込んでもらい、実際に腕受けします。この時、サンチンの腕受けの形で防御したと心でイメージするのです。実際に正確にサンチンの形になっている必要はありません。

イメージによって内形がきちんと形成されていれば、先程と同じように、相手を崩すことができます。内形の働きかけが弱ければ、相手を崩すことはできないので、型の外形を更に整えたりといった、型によるフィードバック訓練をしていきます。つまり、型の修正と実力の養成をフィードバックさせながら稽古していくのです。

本書で述べてきた、まず「外形」を整えて、「内形」の形成に移っていくプロセスが一人稽古によって体感できていれば、イメージで「内形」を作れるのです。決まった「外形」でなければ駄目、というのであれば。型は本当に実戦では使えない、応用のきかないものということになるでしょう。ここに、型を実戦応用可能なレベルに昇華させる大きなポイントがあります。

もう一点、イメージのコツとして「強く思わない」ということがあります。イメージの力を強く働かせようとしてつい〝力んで〟しまいがちになるのですが、イメージは「パッ」と軽く思うことがコツです。あくまで感覚的なものなので、どこまでお伝えできているかはわかりませんが、螺旋の項目の時に説明させていただいたように、ギュッと圧縮をかけた時からの開放によって真の力が出てきたのと同じように、リラックスした時の感覚でイメージすることが、内面を用いるコツとなります。

こららは決して一朝一夕にできることではありませんが、確実な訓練を繰り返していくことで、誰もが体現できるものだと確信しています。

3 「受け」と「受け入れる」

型や基本動作練習では行なうけれども、実際には使えない、と思われているものの代表格が、上段受けではないでしょうか。

相手がこちらの顔面に向けて突き込んできたのに対して、自分の前腕を用いて攻撃を弾く、ということが基本動作となっています。しかし、この基本動作をそのものを自由組手などでみることはほとんどありません。

ではなぜ、このような型が伝承されてきているのでしょうか。以前、沖縄の古伝空手を伝承されている方のセミナーに参加したときに「沖縄では本来受けという言葉はなく、防御という表現を用いていた」というようなことを仰っておりましたし、またご自身の書籍でも、そのように述

上段受けは果たして〝使えない技〟か？

べられています。では「受け」でないのならば、一体上段受けの「受け」とは何なのか。人によって色々な解釈があるのでしょうが、私自身が様々な検証を重ねてきたことによって得られたひとつの確信があります。

それは、「受け」の前に「受け入れる」という心構えが必要となってくるということです。つまり「上段受け」という、相手の顔面攻撃に対して自分の前腕を用いて弾くという現象面だけでこの技を捉えてしまうと、まさに「受ける」といった、相手の攻撃に対して自分の力をぶつける衝突の世界を表現することになってしまいます。うまくいけば〝ぶつかり勝ち〟になるかもしれませんが、基本的にこれは「受け」にはなりません。

では、どのようにして「受け入れる」心構えを用いるのかというと、少し観念的な話になってしまうので

〝受け入れる〟上段受け

顔面へ突き込んでくる相手の攻撃意識を〝弾く〟のでなく、〝受け入れる〟心構えで応じる（写真2）。すると相手との衝突、力・強度比べとならず、「クラッチング」を前提とした受けが成立する。接触した瞬間に〝コントロールする側〟になれるか、〝コントロールされる側〟に回ってしまうかが、武術において追究される重大な勝負の分かれ目だが、そこをとるための秀逸な方法論と言えるだろう。

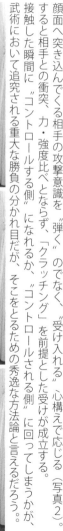

すが、相手が自分を攻撃してくる意識を受け入れてあげるのです。これが先述した「クラッチング」へとつながるのです。

相手が攻撃してくるものに対して、いきなり自分も同じように「受け」といった攻撃をするのではなく、まずその相手を受け入れてあげるのです。この心構えを持つことによって、対立ではなく調和や和合などの世界の入口が開いてくるのです。その入口を開く身体操作法が「胸をゆるめる」なのです。これによって、相手の攻撃を受け入れる体勢作りとなります。

ここで一つ、誤りやすいのが、この〝受け入れる〟を〝引く〟意識をもって行なってしまうことです。イメージとして類似ですが、似て非なるものです。

「前に出る意識」によって相手を受け入れる「心の体勢」が必要です。これは宮本武蔵が述べた～切り結ぶ太刀の下こそ地獄なれ　踏み込みゆけば後は極楽～という言葉の「踏み込みゆけば」にあたるのではないかと思っています。胸をゆるめることによって、相手の力を吸収することはできますが、これだけでは「受け入れる」ということが弱いのです。「前に出る意識」つまり、相手の攻撃に当たりにいく「捨て身の覚悟」によって、相手とのつながり（クラッチング）が生まれ「受け入れる」ことが可能となるのです。

ちょっと話は横道にずれますが、80年代にTBSテレビで放映されたドラマに「スクール☆ウ

「前に出る意識」で“受け入れる”

中段突きへの対処例。相手の突きを“受け入れる”と言っても引くのではむしろ追いかけっこになってしまい、「クラッチング」は実現しない。

「前に出る意識」で“受け入れる”ことが重要。

オーズ」という作品があります。私と同年代の方ならばご存知の方も多いのではないでしょうか。

この作品は実在のモデルに基づいたものなのですが、大まかなあらすじとしては、荒れ果て、名だたる不良高校となった学園に、一人の熱血教師が赴任したことにより学園を荒廃から更正へと導き、そして、その教師が顧問となったラグビー部が数年後には全国優勝してしまった。という物語です。

その熱血教師の滝沢賢治という人物（実在のモデルは元伏見工業教諭の山口良治氏）が、まあそれは熱血という言葉が有り余るほどの熱血っぷりで、血と汗と涙という、昭和スポ根ドラマの最高峰といっても過言ではないほどキャラクターなのです。

そこで行われた指導というのが「前に出る意識」であり「捨て身の覚悟」だったのです。ただし、〝ぶちかまし〟ではなく、「当たって行きながら〝受け入れる〟」ということをやっていました。だからこそ、生徒たちも心を開き、繋がれたのです。

滝沢先生は「学園をなんとか良くしたい。生徒達を更正してあげたい」という気持ちから、時には家庭を犠牲にしてまで生徒達と真っ向からぶつかり合っていきます。当然、そんな先生に対して不良生徒達は猛反発を起こし、様々な嫌がらせをしてきます。それでも滝沢先生は、まさに捨て身の覚悟で生徒達の心に当たりにいくのです。これによって、相手（生徒）との「つながり」を築いていきます。武術に例えれば、相手の攻撃に対して〝受け入れる〟心構えをもって踏み込んでいき、クラッチングを形成するところになります。もし、ここで滝沢先生が一方的に強圧的な態度に出ていたら、あるいは逃げ腰、及び腰で生徒と対していたら「つながり」ができることはまずなかったと思います。どんなに煙たがられても正面からぶつかり合っていく心構えに、意識するしないにかかわらず、心を揺さぶられて入られてしまっているのです。ここに武道の組手でよく言われている「下がるな」や「前に出ろ」といった言葉の意味と結びついてくるのです。後ろに下がったり逃げ腰の姿勢では、相手とのつながり（クラッチング）が形成されることはまずないのです。

ただし、ここで注意しなければならないのが、単純に物理的に「前に出ろ」と言われる場合もあるので、それと混同してはいけない、ということです。

前に出ながら攻撃を継いでいくことはしやすいけれど、下がりながらは難しい。防戦一方になる。前に出ること自体が防御にもなる。そういう意味合いでも「前に出ろ」は言われますが、基本的にこれは「クラッチング」には繋がりません。押し合いになるだけです。

先の宮本武蔵の極意「切り結ぶ太刀の下こそ地獄なれ、踏み込みゆけば極楽」にある、切り結ぶ太刀の下に踏み込んでいくことでクラッチングが形成されるのです。そこには「胸のゆるみ」や「受け入れながら当たりにいく」といったことなどを意識して、相手の攻撃意識に当たりにいく、そういったことをふまえて「前に出る」のです。そうやって「クラッチング」の形成という感覚が養成されるのですが、いきなり自由組手でそれを得ようとしても、当然、そんな悠長なことをやろうとしていては、簡単にやられてしまうので、間に合う技術の方が優先となってしまいます。一番重要となる「感覚の養成」なんてことは二の次となってしまいます。そういった間に合う間に合わないだけの修練の中でその感覚を得るのは、充分な才能に恵まれたり、余程の修練を重ねなければ難しいと思います。

自由組手を重ねれば、早く攻防動作に長けた武術家になれます。一見「型なんてやる必要ない」と思えてしまうほどです。でも、達人は例外なく、単独型というものを大切にしています。その分かれ目は、こういうところにあるのです。

一人型稽古でのクラッチング感覚の養成法については第5章で触れましたが、そこから実戦への橋渡し的修練として有効なのが、伝統武術でよくみられる「約束一本組手」でしょう。

「約束一本組手」も〝実戦でこんな形になるはずがない〟とその有効性を疑問視する向きも少なくないかもしれませんが、これもうまく内実をとらえて行なえば、とてつもなく実戦的な稽古になるのです。

一見非実戦的な攻防のやり取りにも、クラッチングという技術の体得へとつながるカギが秘められています。そのことを〝目的意識を持って稽古する〟ことによって「切り結ぶ太刀の下に踏み込む」という感覚を確実に養成することができます。合気道の相対稽古や、古流剣術に見られる組太刀なども同様の理念が含まれているのだと思います。

そして今一度滝沢先生を例に出すと、生徒との「つながり」が形成された後に、生徒達の心を受け入れる「心の広さ」「度量」といったものを、先生が人一倍備えていたことで、生徒達の心は滝沢先生にどんどんと吸い込まれて（引き込まれて）しまうのです。この場合の心の広さや度量といったものが、武術においては「リラックスから生まれる統一化された心身の状態」という言葉で表現できるかと思います。

いくら、人間的魅力に溢れていて器の大きい人でも、生徒との「つながり」がない状態では、その魅力に気づくこともないでしょうし、当然、引き込まれてしまうなんてこともないでしょう。また、つながりができたとしてもその人に魅力があまりなければ、引き込まれ方も弱まったものとなるはずです。これは何も「教師と生徒」という関係においてのみ当てはまるものではなく「男と女」や「上司と部下」など、人と人とが関わること全てに当てはまることだと思います。それは武術においても同じで、相手の攻撃にぶつかりにいってつながり（クラッチング）を形成させ、鍛錬で培った統一化された心身が、相手の攻撃を受け入れ、吸収することで無力化させていくのです。

長々と説明してしまいましたが、「受け」は「受け入れる」であり「受け入れる」覚悟と動作によって、力と力をぶつけるのではなく、相手の力を吸収して無力化させることが本来の目的なのではないかと思います。この考え方に基づいて「上段受け」を検証してみると、相手が顔面攻撃をしてきたのに対し、ただ単純に前腕で上方へ弾くのではなく、相手の攻撃にぶつかりにいく「前に出る意識」を出します。ここでクラッチングが形成されます。そこから自分は沈み込みながら前腕部分で防御の体勢に入ります。この時に自分の前腕を相手の突きに当て込むのではなく、「添わす」感覚で、触れるか触れないかというところで防御体勢をとるということで「術」となります。これによって相手を無力化するということが可能となり、つまり、守りの体勢の中に攻撃が含まれるといった「攻防一体」ということが体現されるのです。これを、約束一本組手という、限定された条件の中で練習していくのです。

古伝体術ではその感覚を分かりやすく実感するために、次のような段階的相対稽古を行なっております。

相手に胸の中心を思いっきり突いてもらいます。

それに対し、まずは〝受け入れる〟を実現します。これは胸をゆるめるだけで、物理的に実現します。まだこの段階はそういう物理的要素だけでいいのです。

この段階では〝クラッチング〟は成立していないので、そこから相手を崩したり、コントロールしたりしようとしても、できません。

次に、「前に出る意識」で〝受け入れる〟を目指します、

“受け入れる”の段階的修練

A　胸への突き込みに対して、ただ物理的に受け入れる。これは胸をゆるめるだけで可能。

B　胸のゆるめによる〝受け入れる〟ができたら、そこから相手を崩せるかを検証。これだけでは〝グラッチング〟は成立していないので、相手を崩したり、コントロールすることはできない。

「前に出る意識」で

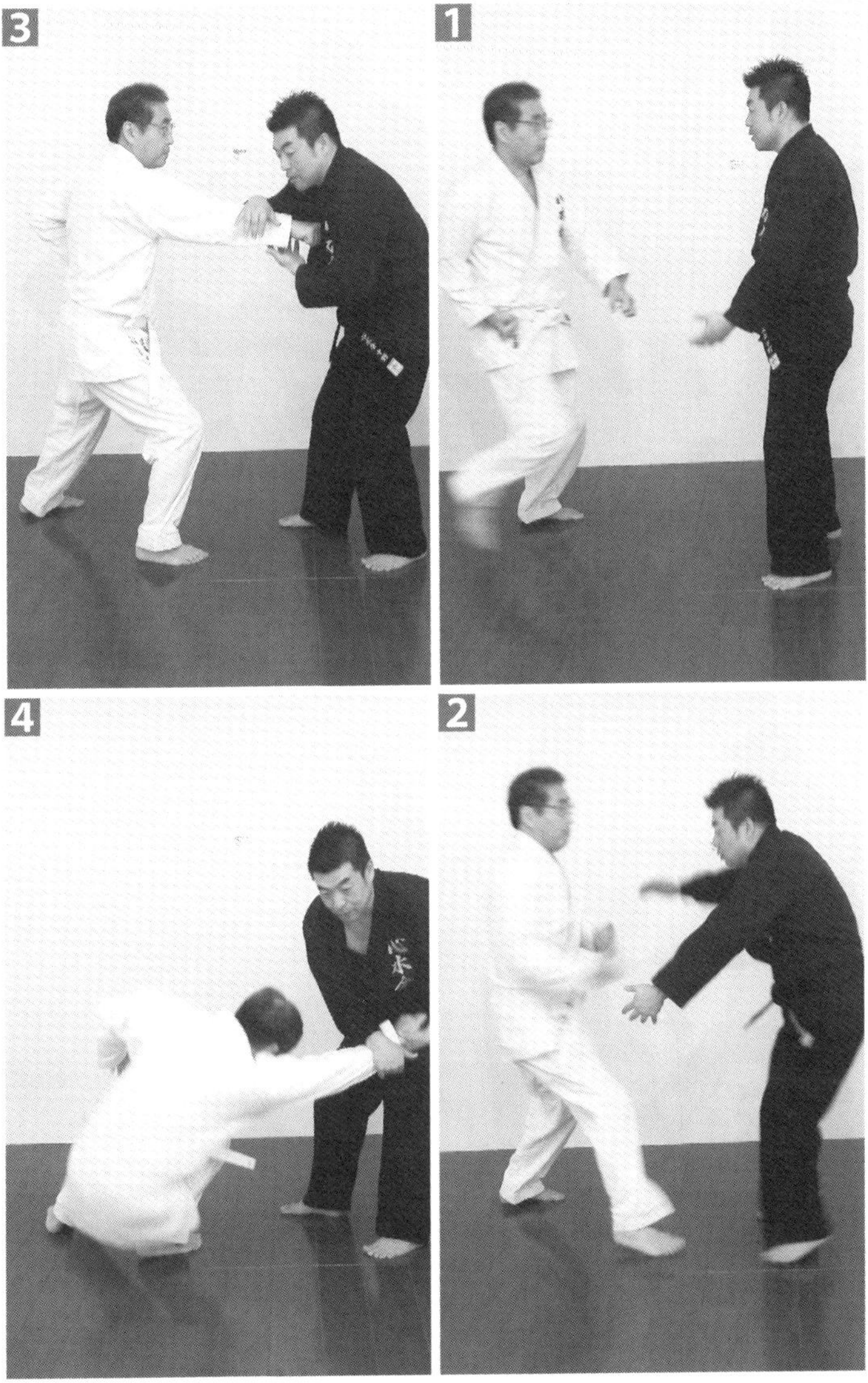

C　次に「前に出る意識」を先行させて〝受け入れる〟ことを試みる。ただし、ここで言う「前に出る意識」は〝一瞬前に出ること〟ではなく、あくまで〝意識〟が重要。「前に出る意識」が作用すれば〝クラッチング〟が成立し、相手を崩すことができる。

相手の突きに対し、〝受け入れる〟前に当たりにいくように前に出ます。

約束稽古ですから、まずは本当に体を前に出すようにするといいと思います。でも、実際は本当に体を前に出すプロセスを挟むと、その後の対処が間に合わず。カウンターを食う形にどうしてもなってしまいます。

ここで重要なのは。本当は心です。そのまま、相手の突きを両手で包み込むように含胸させた自分の胸の中心へと迎え入れる。含胸の姿勢を深めながら、そのまま後方へ下がる。

以上、単純な動作ですが、ここに「受け入れる」という、攻防一体の守りを体感体得できる要素が含まれています。

相手からすると、自分が攻撃を仕掛けた刹那、相手に当たったと思い、いわゆる「腑抜け」の状態にされてしまうのです。つまり、先の約束組手によって、相手の突き（攻撃意）に当たりにいく意識で前に出ることで「つながり」を作り（クラッチング）、そのまま「受け入れる」ことで相手そのものを吸収できれば、腑抜け状態となってそのまま両手で挟んで投げへとつなげることができるのです。そして、この時の両手で挟み込む時に相手の拳（前腕）に「添わす」感覚を用います。

約束組手を繰り返し繰り返し訓練することによって、徐々に内部感覚が養成されてきます。そして、その内部感覚を用いて「上段受け」を行うと「受け」ではなく、攻防一体となった「防御」となり「上段受け」という技が「術」になります。つまり、見た目の攻防では上段突きに対する上段受け、ということになるのですが、その中身が違ってくるのです。普通に上段受けをしたのでは、そこから相手の体勢を崩すことはかなり難しい状況となっていますが、内部感覚を用いて、相手の突きに当たりにいき、吸収すること、〝添わす〟ができていると、上段受けをした体勢から相手を崩すことが可能となるのです。このようにして、型の内部感覚(内形)ができているかどうかが検証できるのです。これは「下段受け」や「中段受け」においても同じように検証することができます。

4 型修練は〝引き算〟の階段

伝統武術においては、全てはこの内部感覚の養成のために型があり、その内部感覚を用いることができるかどうかということが、型を使えるか使えないかにつながってきます。そのためには型が要求する外形を正確に繰り返し表現し、訓練していくのです。そして、そのことで内部感覚(内形)が養成されてきます。そして、それがきちんとできているか、つまり、型が使えるかどうかを様々な相対稽古によって検証していくのです。そうやって、型と相対稽古をフィードバックさせて上達させていきます。この型を主体とした訓練方法では、型という絶対的基盤があるので、迷うということがなくなってきます。基本的には手探りで良い感覚や動きをみつけていくのですが、型というクサビがあるので、そこから離れていくことはないのです。真摯に型と向き合って稽古していると、たまにですが型からの「ご褒美」があるのです。ポツンといった感覚で、閃きといった類いなんでしょうが「これだ！」って感じで型からの解答をいただけるんです。型の修練はこれを重ねていくことなのだと言っていいと思います。

物事の上達は何でもそうだと思うんですが、必要な努力を継続していると、ある時、急にできるようになったりする感覚が得られます。感覚的なものはスイッチを入れたように突然やってくるのです。

子供の時分に自転車を乗る練習をしている時を思い返してみると、ある時に急に乗れるようになりませんでしたか？

一概に皆がそうだとは言えませんが、急にできるようになる感覚と、型からの解答がポツンともらえる感覚が同じなんです。これは筋力がだんだん付いてくる、力がだんだん増してくるような感覚とは明らかに違います。ここに、型稽古の真の醍醐味があると私は思います。

イチロー選手の言葉で「細かいことの積み重ねでしか頂上へはいけない」というものがあります。これを型稽古に当てはめてみると、型を細分化して細かく丁寧に訓練していくことでしか、上達への道は開けない、ということになるのではないかと思います。

ただし、細分化と言っても、体をバラバラにすることとは違います。例えば、ベンチプレスやスクワットなどに代表されるウェイトトレーニングは、大胸筋をつけるためにはこれ、大腿四頭筋にはこれ、上腕二頭筋にはこれ、といった具合に目的とする部位の筋肉に対するアプローチの仕方が明確に分かれていて、そのトレーニング方法も多彩となっています。これなども肉体を細分化させて訓練させていく方法には違いないのですが、武術とは違うのです。ウェイトトレーニングなどによってパワーを得ようとする方法が、各部位の筋肉をそれぞれに強化させることによって総合的なパワーを上げていくといった「足し算」的な発想、つまり、各々の筋肉にはそれぞれの特性（能力）があって、それら個々の能力を上げることによって総合力の向上を目指す、といった考え方になるかと思います。ですが武術の場合は、人間の本来あるべき姿というのは全てが統合され整っている状態、つまり「自然体」が最高なのだという発想に基づいて、統合されずにバラバラに動いてしまうカラダをひとつにする訓練方法、つまり、各部分の総合力とかではなく、その本来あるべき「自然体」を妨げているものを解消して「一つ」にしていくといった「引き算」的な要素を用いています。それを遂行するのには「型」による型稽古が最適なのではないかと思っております。

バラバラなものを無理矢理つなげていくのではなく、人間は最初から一つに纏まった完成体なので、その完成体の状態を一つひとつの「形」や「動作」を用いて再現、認識していくのです。例えば「体かわし突き」という空手の動作において、突きが決まった状態を保持します。相手に突き手の内側に写真のように腕を差し出してもらいます

カラダが統合された状態になっていれば、写真のように相手の体を崩すことができます。当然、バラバラに分離された状態では相手の体を崩すことはできません。その統合された状態というのが、胸が弛み、肘が締まり、股関節に重心が乗り、三尖相照の要点が守られた「形」となっているということです。

当然のことながら、最初からこの統合状態の形を表現することは容易ではありません。これは、ウェイトトレーニングでどんなに細かく全身の筋肉を発達させてもそうはなりません。体が「一つ」に統合されない限りは、この力は発動されないのです。なので、型稽古によって、型が要求する正しい形、つまり「外形」を形成することによる統合された状態を認識していくことが必要となるのです。その際、統合状態という体がつながった状態を阻害しているものを認識すること、つまり、胸抜きや肘抜きなどを意識し訓練することにより、阻害させているものを消去させ、分離状態から統合状態へと変化させていくのです。これには型による稽古が最適だということです。

イメージ的には体内に全身をつなぐ道路があると思って下さい。この道路は生まれた時はつな

体かわし突きでの検証

“統合”されていない体

体が統合されずにバラバラの状態だと、腕を使って崩そうとしても動かせない。

“統合”された体

相手の突きからわずかに体をかわしてカウンターを打ち込む「体かわし突き」。突き手の内側に相手の手がある状態で相手を崩すには、自らの体が統合されていれば、簡単にかなう。

がっていて、エネルギーが自然と流れるようになっています。ですが成長すると共に、色々なところに閉鎖箇所や詰まりができてしまい、エネルギーの流れが悪くなってしまうのです。

赤ちゃんや子供の動きは柔らかく、その動きはとても自然で柔らかいものとなっています。つまり「道路」がつながっていて、エネルギーがきちんと流れる状態となっているのですが、大人へと成長するにつれ、力の使い方を覚えるなどといった後天的な様々なことが要因で、この「道路」に障害物が発生し、流れが悪くなってしまうのです。

見た目の動きにも硬さというものを感じるようになります。なので、流れを悪くしてしまっているものを排除していく必要があります。それが、胸の抜きや肘の抜き、膝の抜きなど、主に関節部分に当たるところの「抜く動作」つまり、ゆるませることを意識的に行なうことで「道路のつまり」を解消させていくのです。これは、あらゆるスポーツでよく言われる「リラックスしろ！チカラを抜け！」といった言葉で求められる状態を、意識的により深く体現していく方法だと思っています。イメージとしては、関節部分を「抜く」ことによって、詰まりの主因となってるものを排除したと思ってください。

でも、流れるようになったとはいえ、その道路は狭く砂利道でデコボコ状態となっているため、エネルギーという「車」を走らせようとしても、速く走らせることができません。それに道幅も狭いということで走らせる車の数（エネルギーの量）も少なくなってしまいます。「抜き」によって、ようやく流れがつながった道路なんですが「車」というエネルギーを速く大量に動かすためには、道路を拡張させ平らに整地し、アスファルトへと変換させる必要が出てきます。その作業が「螺旋の形成」「正しい形の再現」「円の動き」などを意識して型を稽古することによって、体内を走る道路を「狭い砂利道」から「高速道路」へと変化させ、エネルギーを大量に流すことが可能となるのです。

5 感性を大切にする稽古

ここまで武術の修行における型稽古というものに、様々な方向から考察してきました。では現代における型稽古のあり方について、ちょっと考えてみたいと思います。

戦国時代や幕末のようには戦乱がない現代において、武術を修行する意味、型を用いて稽古していくことにどのような意味があるのでしょうか。

元々は殺人術である武術が、平和でなおかつ、法治国家の現代においてはどのような価値を見いだしてゆけばよいのか。ここに、過去の沖縄の空手家、琉球空手の武人達のエピソードにヒントがあるのではないかと思います。琉球空手の達人には武勇伝というものを残していない方が多く存在します。糸東流の故摩文仁賢榮先生は著書『武道空手への招待』(横山雅彦編　三交社)

の中で、「父（摩文仁賢和師）は沖縄時代に、警察官として犯人逮捕の上で数々の業績を挙げていますが、私闘で空手を使ったことは、ただの一度もありませんでした。」「父に限らず、船越先生も宮城先生も、非常に柔和で争いごとを好まれませんでした。」「私もよく『ええーっ、あなたが空手をやっておられるんですか』といわれます」と記しています。いかに柔らかく気張ったところのない人格者が多かったかということが伺いしれます。

これにはもちろん、ご自身が持たれていた元々の性格や気質というものが、そうだったということもあるでしょう。ですが、琉球空手が型稽古をとても大切にしているということも、その一因になっていると私は思います。なぜならば、型で心身を練り込んで向上させていくためには、自分自身を細部に渡って観察するという、内部感覚を向上させる作業が必須となるからです。つまり、型を行なう上で感じられる違和感や一体感というものに非常に敏感にならなければ、型稽古で実力を伸ばしていくことは難しいのです。なので、その型稽古によって達人と呼ばれる領域まで実力を身に付けられた琉球の武人達は、相当なまでにこの内部感覚が発達されていたのだと思われます。

そして、ここまでに内部感覚が発達するということは、自分の中の違和感や一体感を感じる感覚が通常の人よりも何倍にも鋭敏になるということになり、それが組手における相手が攻撃してくるといった「違和感」への反応、「読み」といったものへとつながっていくのだと認識しています。

過日の武人の逸話によくある、急な不意討ちにも何事もなかったのごとく対応してしまうといったエピソードなどは、この内部感覚の発展の先にあるのではないかと思われます。そして、その発達した感覚は日常のあらゆることに敏感になっていきます。違和感に敏感になるということは、場の雰囲気、会話の雰囲気、人の表情の変化や思考内容などといった、あらゆることに繊細に反応するようになってきます。

沖縄古伝空手心道流心道会の故座波仁吉先生もインタビューの中で「武道をやっていると、性格が女性のように細かくなる」というようなことを仰っていました。

一時期、場の空気を読めない人のことを「KY」などと表現することがありましたが、そういったこととは逆で、自然とそのようなものに敏感になるということです。つまり、相手や場の雰囲気を読むということは、必要以上にその人を不快にさせたり、雰囲気を壊すようなことは自然と遠ざけるようになります。要は「調和」というものを大切にする方向へつながっていきます。

つまり、人や物に対する「思いやり」や「尊重」「一体感」などといったものに、自然と敏感になっていくのだと思うのです。沖縄空手の武人達に大変な人格者が多かったという理由のひとつとして、このことが関係しているのではないかと感じています。

こういったことから、これからの武術「型稽古のあり方」というものの方向性が見えてくるのではないでしょうか。先の沖縄空手の武人達が、非常に繊細な感覚を持っていたということは、感性が敏感であったということです。

感性が敏感ということは、色々なことに対しての「気付き」が多くなるということになります。例えば対人関係においては人の気持ちなどに敏感になるということです。「今はこのタイミングで話すのはよそう」「これ以上はこの人のキャパシティを超えてしまうから、ここで止めておこう」「ここでひと押ししてあげれば前に進めるだろう」などといった、人の気持ちや性格などに対しての洞察する感覚が研ぎ澄まされてくるのだと思います。こういった感覚が世間で大切にされる「思いやりの心」といったものへつながってくるのではないでしょうか。その感覚が発展していけば対人だけでなく、動物や自然界に存在する全てのものへのリスペクトへと通じていき、その抽象度が最大に発展したものが「宇宙との調和」となるのだと思います。

当然、その精神は調和を大切にするので、無益な争いを避けるようになります。沖縄空手の武人のエピソードに、暴漢に絡まれた時に「空手は知ってるけども喧嘩は知らない」と言って、争いを避けたという話があります。しかも、その暴漢に土下座を要求されて、そのまま土下座までして争いを避けたということです。これなどは余程の精神性の高さを持たれていなければまずできないでしょうし、このような武人が存在したことに驚愕せざるを得ません。

もちろん、実際に格闘するようなことになっても負けるわけがないという自信も当然、持たれていたことでしょう。なのに土下座までして無益な争いを避けるこの心構えは本当に素晴らしいです。これは一つの目指すべき理想としていつも心がけておきたいものです。ですが、ここまでの高みにまでいけなくても、一人ひとりが調和というものを大切にして、人や自然に対する「思いやり」の心を持って暮らして行けば、無駄な争いというのは自然と減っていくでしょうし、まずはそのように個人レベルで発展していき、やがて、国単位でこの感性が持たれていけば、戦争のない世界「世界平和」へとつなげることが可能となるのではないでしょうか。人の闘争本能を満たすのは、オリンピックやサッカーワールドカップに代表される、スポーツの世界で充分ではないでしょうか。

そして、その平和的思想の根本理念を築くものが「武術の型によって感性を磨く稽古」だとしたら、こんなにも素晴らしいことはないと私は思います。確かに現実離れした理想論かもしれません。ですが、これは何も平和な時代だから言うきれいごとではないのです。そもそも、武術というものの行き着く先がそこである事を、我々は今の時代、深く理解し、受け止めるべきだと思います。私はここに現代における型稽古の可能性があるのだと信じております。

6 "割稽古"のススメ

さて、ここまで読んでいただいて、型稽古で心身を練り込んでいくことによってどのような変化がもたらされてくるのか、何となく認識することができているのではないかと思います。では実際にどのように型で練習していくのでしょうか。

型の順番通りに最初から最後まで、目付けや肘抜きなどの各身体操作を意識的に稽古ができれば理想です。ですが、数回程度ならば何とか集中力を保って行なうことも可能ですが、何度もやるとなるとなかなかどうして、人間の集中力って（私だけかもしれないですが）そこまで継続させるのは難しいかと思います。そこで、型の動作を分解して部分部分の箇所を抽出して練習する〝割稽古〟を用いるのです。

割稽古は茶道などでも用いられていますが、一連の流れで行なう動作を部分ごとに稽古していって、最終的にそれをつなげていくといった方法になります。〝部分〟を抽出するやり方はこれといって特別なことではなく、スポーツなどでも普通に行なわれている練習方法です。これを武術の型稽古にも当て込んでいくんですね。

私のやり方ですと、その時に気になる箇所を持ち出して、あれこれと思考を巡らせてその動作をやってみます。例えばサンチンの型だと「突き」だけを取り出して徹底的に研究します。といっても眉間にシワを寄せて根詰めて研究、といった感じではなく、動作を行なう中で「いい感じ」のところに巡りあえるのを確認していく、といった感じで行なっています。なので、リラックスしてやるのがとても大切となります。感性が大事なのです。そして「いい感じ」に巡り会えたら、それを徹底的に集中して繰り返すことで、明確な感覚へと昇華させていくのです。そうやって他のところも同じように部分部分で取り出して練習していくのです。

そうやってそれぞれの箇所の「いい感じ」の感覚をつなげて、一連の流れで型を行なうと非常に良い感覚で稽古することができます。

これはあくまで私のやり方ですが、大切なのは「いい感じ」の感覚を見つけだすことです。この「いい感じ」は具体的な答えはありません。なぜなら個人の感覚だからです。こういった心地の良い動作や構えを感覚的に探していくのは、野球のバッティングやゴルフのスイングなどの練習でも普通に行なわれていることになると思いますが、それを型稽古でも行なうのです。部分部分で心地の良い動作や構えの感覚を見つけ出していって、それを最終的につなげていきます。

部分部分を割り出した稽古を行なった後、それを用いて一連の型を最初から最後まで行なうと「意識の途切れ」が起きにくくなります。

この「意識の途切れ」がなくなるように、型を稽古する上において、動作と意識をずっと連動させる必要があります。それは対人稽古をすると明確になることなんですが、自分が相手に技をかけようとするときに「意識の途切れ」または「変化」が起きることによって、技がかからない原因となります。その「意識の途切れ」や変化を起こさせないために、まずは体を動かす時に気配の消えた動きの訓練をする必要があります。それが胸の抜きや肘抜き、股関節へ重心を乗せる

気配を消す（意識を途切れさせない）

意識が途切れれば、その瞬間が〝気配〟となって表出する。一瞬たりとも雑な動きを行なってはならない。
武術身法の追究は〝意識を途切れさせない〟ことそのものだ。まずは短い動作の中での追究から。

などといったことによって体の気配を消していく動きとなります。それを〝割稽古〟によって身に付けていき、それをつなげることで体から「意識の途切れ」をなくす訓練となり、技をかけるときの途切れや変化をなくしていくのです。

意識の波のようなものをグラフ化すると、ずっと一直線になることが理想とされます。よくありがちなのが、動作の出だしや切りかえ時に意識が途切れてから一気に跳ね上がるという推移です。これだと相手に気配が伝わってしまって技はかからなくなってしまいます。それを起こさせない意識の訓練を型を通して練習していくのです。胸抜きなどで気配の消えたカラダの動作を訓練して、意識の途切れを認識した通しの型稽古によって、気配の消えた心身の用い方を学習していきます。

これらを型稽古、つまり一人稽古によって練り込んでいくことが可能となるのです。

7 心と体をつなげるということ

〝心と体の一体化〟などといった言葉はよく目や耳にするところではあると思うんですが、これ、実際にはどのようなことなのでしょうか。武術に当てはめて考えてみると、心で思ったことをそのまま体現化することができる、といったことなのだと思います。ここで武術の型の存在というものが重要となる理由があるのです。

「心で思ったことを体現化させる」これ、実は当たり前に誰もがやっていることだと思います。例えば、目の前にあるコーヒーカップの中に入っているコーヒーを飲むという行為を考察すると、心で「コーヒーが飲みたい」と思ってから体が動いてコーヒーカップに手を伸ばしてから口元に寄せて飲む、という動作をしているわけですね。文章にすると大変まどろっこしくなるのですが、大概は誰もが当たり前のように行なっている動作のほとんどは、心で思ってからのことを体が実現させていくというパターンなのではないかと思います。

ではこれを瞬間の判断力が必要とされるスポーツや芸事などではどのようにして心で思ったことを体現させていくのでしょうか。

野球のバッターで考えてみたいと思います。野球では、一流と呼ばれるピッチャーになると最速160キロ前後のスピードをもったストレートを投げ込んできます。それにカーブやシュート、またはフォークなどのあらゆる変化球に打者は対応しなくてはなりません。投手の手から離れたボールが打者に届くまでは、約0・4秒程度。その僅かな一瞬にバッターは「コーヒーカップを手にとって飲む」といった自然な感覚を用いて打ち返すことを目標としているのだと思います。

そのために、素振りやトスバッティング、ティーバッティングにバッティングマシーン、あらゆる方法を用いて、心が「打ち返したい」と思ったことに体が自然に対応できるような練習方法を繰り返し繰り返し訓練していくのです。

確かに体の反射的な対応によってバッティングを完成させていくのですが、160キロのスピードボールなどに自然に対応できるようになるためには、いきなり同じようなスピードボールをガンガン打ち込んでといった練習をするのではなく、トスバッティング、ティーバッティング、または素振りなどといった「意識的」ということが介入できる要素を用いた練習をすることが必要となります。いわゆる「簡単なこと」から始めていきます。例えばトスバッティングやティーバッティングなどは、ゆっくりな球を打つことによってきちんとバットの芯に当てるということを「意識的」に練習することが可能となります。これは素振りにも同じことが言えると思います。

ただ黙々とバットを振るよりも（もちろん、その段階での練習の必要性もあるかとは思います）素振りの時に、空想でピッチャーが投げる球を意識して、バットの芯に当てるということをきちんとイメージしながら素振りをすることで、より実戦へとつなげる練習になるのです。そうやってボールを確実に芯で捉えるということを、確実性が高く再現しやすい練習方法を意識的（この際はバットの芯で捉えるということ）に繰り返すことで、実戦でのピッチャーが投げるボールに当てる確率を高めていくということになるのではないかと思います。バッターの主な目的はピッチャーが投げる〝球を芯で捉える〟ことによって、ホームランやヒットを打つことになるのだと思いますが、この芯で捉える感覚を実戦やスピードボールを打つ練習を主体にしてしまっては、再現性がどうしても低くなってしまうのです。なので〝芯で捉える〟という感覚を〝意識的〟に練習できる方法が上達への近道となるのではないかと思います。つまり、体の中に芯で捉えるという感覚を繰り返し繰り返し〝意識的に感覚化できる練習〟をすることによって、体の中に「芯で捉える」といった〝無意識に自動で発動〟されるシステムを形成させていくのです。そして、このシステムを用いて実際のスピードボールや変化球を用いての打撃練習を行ない、実戦に近い状況で芯で捉える訓練を研鑽していくのだと思います。なぜに「意識的」にということをしつこいくらいに記述しているのかというと、先程も素振りで説明させてもらいましたが、ただ黙々とバットを振るよりも空想のボールをイメージして「芯に当てる」という〝目的意識を明確〟にして取り組むほうが、その効果が何倍にもなると思われるからです。ゼロから理想を模索していくのは遠い道のりですが、最初から理想が明確になっていれば、そこへの追究は効率的です。

投げてからボールが手元にくるまで0コンマ何秒、と言っても、本能や反射でバッティングする訳ではありません。「芯でとらえることの感覚化」およびそれを意識的に行なっていくプロセスが重要です。

つまり、意識的にということが介入できる様々な訓練方法をすることによって、実戦の0コンマ何秒という、〝意識的〟といったことが介入し難くなる状況（短い時間）において、無意識にその感覚を発動させるために、明確に意識が介入できる訓練が必要になるのです。

つまり、心で思ったことを体が自動で再現してくれるシステムを、意識的に繰り返すことで体内に形成させていくといったイメージになります。

このような訓練方法はその他のゴルフやテニス、サッカーやバスケットなど、あらゆるスポーツでも同じではないかと思われます。私が思うには、これらの訓練方法の目的は「心と体をつなげること」になるのではないかと思います。野球のバッティングでいえば、まずは心が「ボールを芯で捉えたい」と思い、その思いを体が実行する、というのが通常のプロセスになるかと思います。ですが、いくら心でそう思ってもいきなり実戦さながらのスピードボールを打ち込む練習をしても、体がついていかないのです。そこで、心で思った「芯で捉える」ということを確実に体が認識し再現できる状況で、そのことを体に覚えさせていくのです。これが「芯で捉えることの感覚化」の形成となり、これが俗にいわれる「体で覚える」ということになるのではないかと私は思います。

心で思ったことを体が実現するシステムが確立された状態が、心と体がつながったということになるのではないかと思います。それが形成されてない状況でいくらスピードボールを打ち込んでも、それは心と体が分離された状態なので、実行、あるいは実行できたことを再現するのが難しいということになってしまうのです。

よく一流のスポーツ選手などが「あの場面では無意識にカラダが反応した」などということを

語ることがありますが、私が思うには、無意識で勝手にカラダが反応しているようでいて、実は意識的にカラダとつなげる訓練をした結果、体内に形成されたシステムが自動で発動された結果ではないかと思っております。つまり「感覚化の形成」とは、意識的な訓練によって形成される心と体をつなぐシステムのことだと私は考えています。これは当然武術の訓練においても同じことがいえます。

そして、そのシステムづくりに最適なのが、この本でのテーマとなっている「型稽古」なのです。型が要求する外形を正確に再現することで、その形（型）からはエネルギーが発動されます。例えばサンチンの型における両腕受けの構えも、正しい形を再現するとパワーが生じるので、相手を崩すことができます。そして、その正確な形の感覚を崩さないよう意識して動作させていき、いつでもエネルギーが形成された状態で型を再現していきます。そのように意識的に稽古していくと、正確な形をとった時の感覚が体に培われていき、構えをとらない状態でもでその感覚を思う（心）だけで同じエネルギーが発動させることができるようになるのです。よく言われる心体一致や身心一如といった状態が可能となるのです。

「心身一如」ではなく「身心一如」と表記しましたが、もともと仏教用語で、肉体と精神は一体のものであるといったことを表現している言葉で、道元禅師の「正法眼蔵」でも、親鸞禅師の「教行信証」でも身が先で心が後の身心一如が用いられています。これらは身があっての心だということを感覚で捉えていたからこそ、この順番になったのだと思います。

中国武術においては外功と内功という鍛練の成果によって得られる力（パワー）を表現する言葉があります。私の実感では外功は、形の正確さ（緻密さ）や螺旋力、剛力の訓練によって培われるもの。そして内功は、外功が養成されることによって得られる内面的な力、柔力（リラックス、中国武術ではホウチン）の訓練によって養成し開放される。以上のように考えております。つまり、先程の身心一如の話にあてはめると、外功の養成があって内功の養成と練度を高めることが可能となるということです。先の身心一如という言葉を借りると、体の訓練をすることにより心とつなげていくことができるということになるのではないでしょうか。その体の訓練、つまり型稽古における形の正確さの要点を、中国武術では手先つま先鼻先を揃わせるという三尖相照や、手と足肘と膝肩と股を一致させるといった外三合といった言葉によって、表現されています。これによって形からエネルギーが生じている状態をカラダに認識させ、それに螺旋を形成することでエネルギーを増幅させることが可能となるのです。

ではなぜ螺旋を形成させるのかというと、この自然界は螺旋や渦巻状のもので構成されているからです。代表的なものとして台風や竜巻、もっと大きな存在としては、我々が存在する銀河系も渦巻き状で構成されています。アンモナイトなどの貝類やカタツムリなども渦巻き状に構成されています。そして、我々人間のカラダにも渦巻きや螺旋は多く存在します。つむじや指紋、耳の形など、そしてＤＮＡも二重螺旋で構成されています。筋肉のつき方も螺旋状となっていますし、体内から排出される小便や大便といったものも螺旋を描いて排出されています。このように自然界には螺旋や渦巻き状のものが多く存在します。端的な言い方をすると、それが自然であり、パワーを秘めているということになるかと思います。大砲なども、筒先はまっすぐなので直線を描いていますが、筒の中に螺旋状の溝を彫ることによって弾頭に回転がかかり、その威力が増大します。

なので型で稽古する時に、動作やカラダの形といったものにそれらを含ませられることで自然に沿ったものとなり、なおかつ強靭なパワーも得られるので螺旋を形成させるのです。

そのようにして、身体の外側の訓練（外功）をしていくことによって、徐々に目には見えない内形、中国武術で言われる内功が養成されてきます。そして、その内功自体も渦巻きや螺旋のイメージなどを利用することによって、そのパワーを増大させることが可能となります。そのようにして練り上げていくのが、外側と内側をつなげる型稽古となるのです。つまり、型稽古によって心で思ったことを体現できる状態、心と体がつながっているという心体一致の状態をつくりあげていくのです。このことを中国武術では内外合一と呼んでいるのではないかと思います。

意識的に身体を練り込むことで、身心に新しいシステムを形成していきます。そして、心で思うことでそのシステムが身体から発動される。そのシステム形成に最適なのが一人で行なう型稽古だと考えています。

実践者の声

心水会
張《チョウ》　林《リン》

中野先生、『本当に強くなる〝一人稽古〟』の出版、真におめでとうございます。弟子として大変光栄に思っております。

私は中国人ですが、中国の伝統武術は玉石混交としており、あまりに偽物が多いため、不信感しかありませんでした。そのため、日本の空手や居合や剣術を勉強した方が実用的だと思い、私は戸山流居合道に入門しました。そこで出会った

先輩が「師運」ということをよく話されていましたが、今はその言葉を実感しております。

8年程前に、私は中野先生に初めてお会いしました。その時、先生は私の居合道の先輩に古伝体術を指導なさっていましたが、正直な感想として「これは中国武術？空手？これは剣術と何の関係があるんだろう？こんなふわふわしたものは絶対に使えるわけがない。この先生も中国に沢山いる偽物と同じだな。」と思ったのが先生との出会いでした。

そして、そのまま数年が経ち、ある時、一緒に稽古した剣術の先輩が大変高い技量を身につけており、どうやったらこのようになれるのだろう？　この先、いくら稽古しても自分はこのような高度な技量を体得するのは難しいのではないか、と不安に思っていたところ、その先輩が「中野先生から習っている古伝体術の教えが大変役に立っている」との話をされていたので、「あの時の偽物先生か、でもこの尊敬する先輩がここまで言うのなら何かあるかもしれない。」といった、半信半疑の心で中野先生に教えを請おうと思ったのが、私が古伝体術を習うきっかけとなりました。(先生、申し訳ありません！)

実際に中野先生と一緒に稽古して、その不安は一気に消し飛びました。一番の感想は、その技が素晴らしいのはもちろんですが、先生の「思想と発想」がすごいと思ったことです。

先生はひとつの流派や武術にこだわらず「大武術」という概念から出発し、国や武術の種類を飛び越えて「心と体の運用の法則」を分析、そしてその学習の方法を教えており、武術の型稽古から得られる「心のあり方」がとても重要であることを、わかりやすく体系的に指導されているということでした。

自分自身の変化について言えば、中野先生が考案された鉄刀を用いての素振りがとても参考になりました。

それは先生が古伝の技法に基づいて独自に開発した練習方法です。重い鍛錬棒を用いての練習は数多くありますが、先生のは筋肉と打撃力だけの鍛錬ではなく、三尖相照、胸抜き、肘抜き、骨盤の回転などの根理に基づいた鍛錬法となっており、ゆっくりと行なうのが特徴です。

ゆっくり行なうことで次第に「内面の意識」と「内面型」が作られてきたように思います。この感覚を強化することで「内面入り身」の感覚が生じてきます。

私は戸山流の北京支部長を任されておりますが、私がこの素振りを行なうと、弟子達は揃って「何かモワッとなる」「自然と正面から避けたくなる」というようなことを申します。これなどは何かしらで私の内面が作用してるのだと思います。

それから戸山流には「撃剣」という、空手でいう自由組手に相当する打ち合い稽古があります。中野先生に古伝体術を習ってからは、剣術の先生と撃剣をした時に、お互いに正眼に構えた状態から私が「打ち込めない」という、現象が起きました。要は、私は「入られて」いたのです。

型稽古をするようになって、そういったことに気付けるようになりました。現象としては違いますが「勝負は鞘の内」という感覚が少し理解できたように思います。私もまだまだ修行途中ですが、型稽古による自分の「内面の感覚」が養成されてくるのが楽しみです。それが気剣体一致という境地へ導いてくれるものだと確信しております。

先生がよく仰る「剣体一致の感覚が我彼合一と同じになる」という、自分と相手（剣）が対立するのではなく一体化する感覚こそが、勝ち負けなどといった相対世界とは別の絶対世界「無敵」状態を築いていくのではないかと思っております。

そのことを体現させるのに確実な方法論が「型」に内包されているということに、中野先生と古伝体術は気づかせてくれました。

おわりに

最後まで読んでくださり、ありがとうございました。私の処女作となった「武術の根理」では、主に武術に共通する身体操法の、初級段階についての解説を中心に述べさせてもらいました。今回はその根本原理を学習するのに最適な「型稽古」について、型によっていかに心身の能力を開発していくのか、そのシステムと学習方法についての解説をさせていただきました。

私自身がまだまだ発展途上段階にいるので、理解しづらい部分や受け入れられないところもあったと思いますが、現時点においては、武術の型の学習システムにおける最善の解説書ができたのではないかと自負しております。

武術に限らず芸事というものは「守破離」という言葉があるように、最初は師匠や先人の教えを守り、その教えを元にして自分のオリジナル性を見いだすことで殻を突き破り、最終的には一人一派となって離れていくのが自然なのだと思います。しかし、たとえ師から離れていってもその先の進展や無限の可能性を感じさせてくれるのは、師からの教えであったり、口伝と呼ばれるものになるのだと思います。そして、その核心として存在するのが「型」ということになるのです。そうは言っても私自身、武術というものに携わって30年近い年月を迎えようとしているわけですが、伝統の型での学習の仕方というものを理解できるようになるまでは、相当数の歳月を費やしたと思います。そのわからない状況の中でも続けることができたのは、伝統武術に存在する本物の達人の方々の存在を目の当たりにし、そのようになるために「型」で稽古することの大切さを共通して仰っていたことが自分の中の希望となっていたからです。

自分自身、まだまだそういった方達には遠く及ばない技量ですが、型稽古でレベルアップさせていく方法というものについては、色々な先生に教わったことを思い出しながら、試行錯誤を繰り返してある程度の形というものができ上がったのではないかと思っています。型稽古の素晴らしさ、そして可能性について、どこまでお伝えできたかはわかりませんが、この本を読んでくださった方一人ひとりが、武術の型稽古から得られる、ぶつかり合わないといったことや受け入れるといったことを体現していくことで、調和する世界を体感しそれを実現するといった武術本来の素晴らしさに少しでも興味を持っていただけたら、作者として、これ以上の喜びはありません。

中野由哲

2019年12月

著者プロフィール

中野由哲（なかの よしのり）

1973年生まれ。18歳の頃より、空手や中国武術（太極拳、八卦掌、心意拳など）、古武術、合気道などの各種武術を学んできた中で、その中に共通して存在する心身の運用を研鑽すべく2008年に「古伝体術 心水会」を発足する。

ホームページ
古伝体術心水会　https://koden-taizyutu.com/

YouTube
古伝体術　中野由哲公式チャンネル

装幀：梅村昇史

本文デザイン：中島啓子

本当に強くなる"一人稽古"

武道の「型」が秘めた"体内感覚養成法"

2020年2月10日　初版第1刷発行
2021年2月15日　初版第2刷発行

著　　者　中野 由哲
発 行 者　東口 敏郎
発 行 所　株式会社ＢＡＢジャパン
〒151-0073 東京都渋谷区笹塚 1-30-11 4・5F
TEL　03-3469-0135　　FAX　03-3469-0162
URL　http://www.bab.co.jp/
E-mail　shop@bab.co.jp
郵便振替 00140-7-116767
印刷・製本　中央精版印刷株式会社

ISBN978-4-8142-0263-8　C2075

※本書は、法律に定めのある場合を除き、複製・複写できません。
※乱丁・落丁はお取り替えします。

DVD Collection

DVD　形意拳、八卦掌、空手

武術で本当に強くなる

絶対的な強さの身につけ方

「誰かより強い」という相対ではない、武術の「絶対的な強さ（存在）」。これは各種の構え・技の形（かたち）をしっかりと守るからこそ身につくものです。

中国武術の三体式（さんたいしき）、空手の上段受け、など。形が秘める「武術の力」を古伝体術心水会・中野由哲師範が丁寧に指導します。肘・股関節の意識、関節を曲げない「抜き」、相手との「繋がり」。「何故その形なのか?」の意味と効果をはっきりと理解・体得できる DVD です。

【CONTENTS】
■中野由哲師範インタビュー
・武術における「強さ」とは・「絶対的なあり方」とは・「心身の統一化」とは
■1）形意拳・三体式…統一化
・三体式のポイント・「抜き」の重要性・内面の作用への変換（合気的技法）
■2）八卦掌・走圏…歩法と入身
・下踏掌の姿勢…虎背熊腰・合わせからのズレ・簡易的螺旋エネルギー
■3）空手の型…調和のエネルギー
・正確な形がもたらすもの・内歩進…諸手突き・内歩進…90 度の入身・約束一本組手で学ぶ調和・身心のあり方と応用技
■4）統一化の検証法
・胴体と腕を繋ぐ（肩甲骨の使い方）・站椿功…自然との一体化

●指導：中野由哲　●収録時間 58 分　●本体 5,000 円＋税

DVD & BOOK Collection

DVD　すべてが上手くいく
“武術の根理”入門
～達人のための四大秘訣！～

胸をゆるめる、肘の抜き、股関節の感覚化、添わす。優れた武術に共通する、型が秘めたカラダの正解の学び方！

空手、太極拳、剣術など、あらゆる武術に共通する“根っこ”の法則。上達の秘訣は、この「武術の根理」の理解、習得にあります。その入門的ノウハウを気鋭の武術研究家・中野由哲先生が丁寧に解説。どんな稽古をしても上手くいかなかった武術の壁を乗り越える革命的なヒントが満載です。

●指導：中野由哲　●収録時間 52 分
●本体 5,000 円＋税

BOOK　武術の“根理”
何をやってもうまくいく、とっておきの秘訣

「肘は下に向けるべし」すべての武術はこの原則に則っている!

剣術、空手、中国武術、すべて武術には共通する“根っこ”の法則があります。さまざまな武術に共通して存在する、身体操法上の“正解”を、わかりやすく解説します。剣術、合気、打撃、中国武術…、達人たちは実は“同じこと”をやっていた!?　あらゆる武術から各種格闘技、スポーツ志向者まで、突き当たっていた壁を一気に壊す重大なヒント。これを知っていれば革命的に上達します。

●中野由哲 著　●四六判　● 176 頁
●本体 1,400 円＋税

BOOK Collection

身体中心の意識が、秘めた能力を引き出す

丹田を作る!丹田を使う!

武道、スポーツ、芸道、メンタルに効果絶大!　古来より伝わる能力開発の到達点!　丹田を極める者は、すべてを極める!　ヘソ下3寸、下腹の中にある丹田は古くから日本で重視されてきた。頭（脳）偏重で混迷を極める現代、肚（ハラ）に意識を沈め、自然摂理にしたがった叡知を呼び覚ます。

●吉田始史 著　●四六判　●176頁　●本体1,400円+税

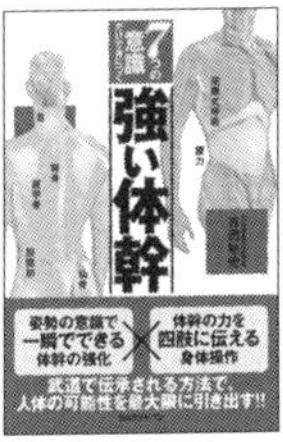

7つの意識だけで身につく **強い体幹**

『姿勢の意識で一瞬でできる体幹の強化×体幹の力を四肢に伝える身体操作』　武道で伝承される方法で、人体の可能性を最大限に引き出す!　姿勢の意識によって体幹を強くする武道で伝承される方法を紹介。姿勢の意識によって得られる体幹は、加齢で衰えない武道の達人の力を発揮します。野球、陸上、テニス、ゴルフ、水泳、空手、相撲、ダンス等すべてのスポーツに応用でき、健康な身体を維持するためにも役立ちます。

●吉田始史 著　●四六判　●184頁　●本体1,300円+税

皮絡調整術と無意識領域の運動

触れるだけでカラダの奥が動き出す!

サムライメソッドやわらぎ

皮膚刺激によって、固まっていたカラダの奥底を動くようにする、平直行の新メソッド!　人の運動には、"意識的指令"の他に"無意識的指令"があり、後者は現代人の多くが眠らせてしまっている。そしてそれによって本来動くはずの身体部位も固まってしまっている。本書のメソッドは筋力アップでも、より良い動きを覚えていく事でもない、ただの覚醒。だから0秒で体が変わる!

●平直行 著　●四六判　●200頁　●本体1,400円+税

気分爽快!　**身体革命**

だれもが身体のプロフェッショナルになれる!

3つの「胴体力トレーニング〈伸ばす・縮める〉〈丸める・反る〉〈捻る〉」が身体に革命をもたらす!!　■目次：総論　身体は楽に動くもの／基礎編①　身体の動きは三つしかない／基礎編②　不快な症状はこれで解消できる／実践編　その場で効く伊藤式胴体トレーニング／応用編　毎日の生活に活かす伊藤式胴体トレーニング

●伊藤昇　著／飛龍会　編　●四六判　●216頁　●本体1,400円+税

柔術（やわら）の動き方 **「肩の力」を抜く!**

～相手に作用する!反応されない!～

簡単だけどムズかしい?　"脱力"できれば、フシギと強い!　筋肉に力を込めるより効率的で、"涼しい顔"のまま絶大な力を相手に作用できる方法があった!　柔術は、人との関わりのなかで最高にリラックスする方法。日常動作や生き方にも通じる方法をわかりやすく教える!

●広沢成山 著　●四六判　●220頁　●本体1,500円+税

Magazine

武道・武術の秘伝に迫る本物を求める入門者、稽古者、研究者のための専門誌

月刊 秘伝

古の時代より伝わる「身体の叡智」を今に伝える、最古で最新の武道・武術専門誌。柔術、剣術、居合、武器術をはじめ、合気武道、剣道、柔道、空手などの現代武道、さらには世界の古武術から護身術、療術にいたるまで、多彩な身体技法と身体情報を網羅。毎月14日発売（月刊誌）

A4 変形判　146 頁　定価 1,000 円（税込）
定期購読料 12,000 円

月刊『秘伝』オフィシャルサイト

古今東西の武道・武術・身体術理を追求する方のための総合情報サイト

WEB秘伝

http://webhiden.jp

秘伝　検索

武道・武術を始めたい方、上達したい方、そのための情報を知りたい方、健康になりたい、そして強くなりたい方など、身体文化を愛されるすべての方々の様々な要求に応える コンテンツを随時更新していきます!!

秘伝トピックス

WEB秘伝オリジナル記事、写真や動画も交えて武道武術をさらに探求するコーナー。

フォトギャラリー

月刊『秘伝』取材時に撮影した達人の瞬間を写真・動画で公開!

達人・名人・秘伝の師範たち

月刊『秘伝』を彩る達人・名人・秘伝の師範たちのプロフィールを紹介するコーナー。

秘伝アーカイブ

月刊『秘伝』バックナンバーの貴重な記事がWEBで復活。編集部おすすめ記事満載。

道場ガイド

情報募集中！カンタン登録！

全国700以上の道場から、地域別、カテゴリー別、団体別に検索!!

行事ガイド

情報募集中！カンタン登録！

全国津々浦々で開催されている演武会や大会、イベント、セミナー情報を紹介。